D1563242

ALLENDE EN LLAMAS
JULIO SCHERER GARCÍA

LOS
GAVIEROS
periodismo literario

DERECHOS RESERVADOS
© 2008, Julio Scherer García
© 2008, Editorial Almadía S. C.
    Calle 5 de Mayo, 16-A
    Santa María Ixcotel
    Santa Lucía del Camino
    C. P. 68100, Oaxaca de Juárez, Oaxaca
    Oficinas en: Avenida Independencia 1001
    Col. Centro, C. P. 68000
    Oaxaca de Juárez, Oaxaca

www.almadia.com.mx

Primera edición: agosto de 2008

ISBN: 978 607 411 001-2

Impreso y hecho en México

ALLENDE EN LLAMAS

JULIO SCHERER GARCÍA

Almadía

I
EL POETA

Pablo Neruda habla a *Excélsior*

Ciudad de México, 8 de enero de 1961

Los temas del Premio Nobel de las voces duras y los vocablos nobles en poesía, la situación que vive Cuba, "las lágrimas que derramó durante el horror que implantó Batista", la situación mundial y las perspectivas del día 20 de enero, en que John F. Kennedy asume el mando en Estados Unidos, mantuvieron ayer ocupado a Pablo Neruda durante casi dos horas en que fue entrevistado por *Excélsior*.

Habló también del presidente López Mateos, "cuya dignidad y espíritu moderno admiré esta mañana"; del pintor Siqueiros, "mi entrañable amigo encarcelado"; de los estremecimientos que le produce la sola mención de una tercera guerra mundial, cuyos primeros soplos vuelven a percibirse en la lejanía; del general Cárdenas, y de algunas de las últimas obras del poeta que han aparecido en Buenos Aires y La Habana.

A las doce horas estuvo en Los Pinos, con el primer mandatario, López Mateos. Llegó acompañado de su amigo César Martino y después de unos minutos de conversación con el secretario privado del jefe de la nación, pasó a su despacho. El Ejecutivo y el poeta se abrazaron, largamente. Luego cambiaron algunas bromas. Neruda recordó a Francisco Martínez de la Vega y lo llamó "uno de sus gobernadores de lujo, señor presidente".

Hicieron un recuerdo que los sumió en meditaciones comunes. Obedece a tiempos ya muy lejanos, cuando Neruda estuvo por larga temporada en México y el licenciado López Mateos era director de los Talleres Gráficos de la Nación. En aquellos días, por órdenes del hoy presidente, fue impresa en las máquinas de Talleres Gráficos una de las primeras obras del poeta: *Canto general de Chile*.

—¿Cómo olvidarlo? —Y Neruda vuelve a sumirse en el recuerdo.

Se ve inmenso el poeta. El desaliño de sus ropas aparece natural en él, al grado que nadie podría imaginarlo elegantemente vestido en esos momentos. El traje, color verde, muestra miles de arrugas, como si Neruda hubiese dormido la siesta con él. Los zapatos exhiben un cuero duro, áspero, señal de que hace días que no pasa un cepillo por su superficie.

Así como se ve desaliñado, con una corbata de acusados tonos café que no combina con el traje, se observa poderoso. Muy fuerte, como si en su juventud hubiese practicado los más rudos deportes. Sus manos son largas y gruesas, propias de un obrero y difíciles de relacionar con las finas artes de la poesía.

Está en continua actividad física. Unos cuantos minutos permaneció sentado. El resto del tiempo, de pie. Caminaba sin cesar de un extremo a otro de un despacho situado en un tercer piso, con la más hermosa vista al Paseo de la Reforma. Rechinaban los zapatos del poeta. Y algo también en su voz, que es nasal, que llega a sus auditores con lentitud, pero que no cesa un segundo. Habla y habla sin darse tregua. No se agita. Es un espíritu que parece imperturbable, pero la emoción y la pasión que de él emanan es propia de esos espíritus que no se pierden en las actitudes y en simples extroversiones del carácter.

Si alguien observara de lejos a Pablo Neruda y su voz no llegase hasta él, podría pensar con el más legítimo derecho: "He aquí un hombre tranquilo que aborda los más apacibles temas".

Su entrevista con el presidente López Mateos

¿Qué habló Neruda con López Mateos?

Desde luego, conversaron sobre Chile. "Hicimos recuerdos del último viaje del presidente de México por mi patria. Y hablamos de muchas cosas más, todas muy agradables. Nos referimos a la vida de nuestros pueblos americanos".

Se inquiría al poeta sobre detalles de mayor contenido. ¿No iba a venir a México con el propósito definido de entrevistarse con el jefe de la nación, sólo para sostener una conversación de esta índole?

Y Neruda se evadió:

"Cuando conversa un poeta con un presidente, toca al presidente informar sobre los detalles, nunca al poeta".

Sonrió. Y mostró sus dientes cubiertos por una fina película de color café, efectos del tabaco al que tan habituado está.

Luego dijo:

"Lo que sí puedo decirle es la profunda impresión que me causó el presidente de México. Es un espíritu moderno, de nuestra época, muy lejos de aquellos otros mandatarios, que por desgracia todavía abundan en nuestra América y que se comportan como si viviesen todavía en tiempos de las cavernas".

—¿...?

—Bueno, no es una alusión al presidente Prado, de Perú.

Neruda, en su encuentro con López Mateos, quiso dejarle un testimonio: su último libro, *Canción de gesta*.

En tinta verde estampó, en mal dibujadas letras:

"Al señor presidente don Adolfo López Mateos, Homenaje de Pablo Neruda".

"Vengo de Cuba"

Había satisfacción en el poeta. La que puede experimentar el hombre que trata de enorgullecerse ostensiblemente:

"Vengo de Cuba. He estado un mes en la isla".

Se cercioró de que el reportero mantenía toda su atención en el tema.

"El punto de Cuba será el más amplio de nuestra conversación", anticipó, como señalando el objeto de mi fugaz visita.

Y empezó a introducirse en esa materia:

"Cuba —dijo— vive días febriles. Siente la inminencia de la invasión. Las ametralladoras y toda clase de implementos bélicos se ven a todas horas, en cualquier calle de La Habana, en cualquier caserío del campo cubano. Hombres y mujeres levantan los ojos al cielo frecuentemente. Temen que la invasión venga por aire. Pero también se vigilan las costas.

Hubo un llamado de larga distancia que interrumpió la conversación. Era el gobernador Francisco González de la Vega, deseoso de comunicarse con su amigo.

Oímos a éste:

"¿Cómo estás, Paquito? Te pensaba del otro lado de la máquina de escribir como en los viejos tiempos, pero veo que ahora empuñas el cetro... Desgraciadamente tengo que salir mañana a Chile... Estupendo sería abrazarse... Tenemos elecciones en Chile y toda clase de asuntos... Un gran abrazo, Paquito... Hasta mañana, entonces, si es cierto que vienes..."

Volteó hacia César Martino, presente en la entrevista:

"Está muy mal que le llame Paquito, siendo gobernador. Pero le llamaría Paquito si fuera presidente de la República..."

Y volvió al reportero:

"Cuba ha pisado sobre la huella de México, en esta su revolución del 26 de julio.

"Sus nacionalizaciones han sido en escala mucho menor que las de México, pues el petróleo es más valioso que los latifundios de los norteamericanos en Cuba. Asimismo, y al igual que la Revolución Mexicana, emprendió la reforma agraria, que por vez primera ha permitido llevar una vid digna a los campesinos que estaban tan olvidados y abandonados de todos. Con Batista eran simples animales. Así se les trataba. Y hay que ver ahora. Camino de Cienfuegos está la Ciudad Escolar de los guajiros (campesinos). Ahí van millares de niños que estudian, tienen internados y pueden comer. Es un monumento de belleza arquitectural. Tiene docenas y docenas de aulas, dormitorios, teatros, jardines y centros de recreo que son una maravilla".

Luego se pregunta:

"—¿Qué ha hecho la revolución de Cuba que no ha hecho México?"

Y con esa su voz chillona, pero incontenible, sostenida como la misma respiración, dice:

"La reforma urbana. Se erigió un concepto nuevo en esto. Vale la pena recordar el principio de la reforma agraria, de la de México y la de Cuba: la tierra es de quien la trabaja. Pues así, en esa reforma urbana que ha impuesto Fidel Castro, la casa es de quien la habita".

¿Revolución sin mancha?

Una consideración brota en la entrevista:

Los defensores de la revolución de Cuba sólo se vuelcan en alabanzas para ella, en contradicción con sus opositores, que no le ven lado bueno. ¿La revolución de Cuba es un movimiento, sin mancha, sin defecto?

Neruda sostiene que no se pueden buscar defectos definitivos en la revolución de Cuba todavía, pues es un hecho histórico en plena formación. Pero hay algo más importante: comparar la Cuba de hoy con la que existía todavía hace unos cuantos años, cuando sobre la isla había una figura dominante: Fulgencio Batista.

¿Qué era Cuba?

"Un lupanar, una casa de juego inmensa; la central de ventas de morfina y cocaína de toda América del Sur, controlada por los raqueteros y gangsters norteamericanos; el único sitio en el mundo que tenía cines de pantalla panorámica –y esto no lo digo yo, lo dijo el *Times*– exclusivamente dedicado a la exhibición de películas pornográficas para placer de los turistas norteamericanos".

Siguen los rechinidos de los zapatos de Neruda sobre ese tercer piso del elegante despacho que mira a Reforma. Y sigue su voz monótona, invariable:

"Era Cuba un pequeño infierno para uso de otras gentes. Predominaba en ella un estado antinatural, pervertido".

Ahora... ahora...

"Ahora ha levantado la moral, que estuvo decaída como en ningún otro pueblo de nuestra América. Hay que ver

15

esa transformación. Claro que la revolución de Cuba tiene defectos, pero cómo voy a decirlos ante la monstruosidad que ahí ocurría".

Luego recuerda:

"Las cosas habían llegado a este extremo, en tiempo de Batista se construyeron rascacielos dedicados para los tráficos más innobles, y sobre la carretera que conduce del aeropuerto a la ciudad de La Habana, propia para el servicio de aquellos turistas que no disponían de mucho tiempo, se establecieron muchos sitios de vicio".

Piensa Neruda que al lector corriente se le puede escandalizar con la exhibición de estos pormenores, "que son hechos rigurosamente exactos. Pero no debe escandalizar nunca la exhibición de un hecho, sino el hecho mismo.

"Digámoslo claro: Cuba estaba pudriéndose hasta las entrañas".

Por eso sostiene el poeta que, aunque sólo ese beneficio le hubiese hecho Fidel Castro a Cuba, ya era mucho; pues en verdad "tramos muy largos son los que se han adelantado".

El poeta habla todavía más aprisa. Sufre de viva excitación. Hay que hacer esfuerzos, no ya para seguir fielmente su lenta declaración inicial, sino para ir fijando en el papel las ideas centrales de lo que detalla:

"Claro que la revolución de Cuba tiene defectos. Uno de ellos, que ha producido un sentimiento unilateral de la vida en todos los cubanos, que sólo ven a través de su revolución. Pero esto es producto de las circunstancias. No tiene solidaridad de los gobiernos, en general, sino de los pueblos.

Y yo pienso que esto irá cambiando, y que ya estamos en los albores de nuevas formas políticas en América".

Dice que la elección del presidente Quadros, en la presidencia del Brasil, es atribuible en buena parte a Cuba. "Su adversario se mostró enemigo acérrimo de la revolución en la isla y Quadros fue su defensor. Visitó Cuba y se expresó muy elogiosamente de ella. Y esto es sólo el principio de lo que veremos dentro de muy poco tiempo".

Y subrayó en tono doctoral:

"Será inevitable".

Ni oír hablar de otra guerra

No quiere ni oír hablar de una tercera guerra mundial. Hay calificativos que brotan de inmediato en los gruesos labios de Neruda. Lo menos que dice es que significaría el aniquilamiento de la humanidad.

"Sería la última guerra... No quedarían hombres para hacer la cuarta..."

Sin embargo, piensa que no hay duda de que el rompimiento de relaciones diplomáticas entre Estados Unidos y Cuba vuelve a traer ante los ojos del hombre la posibilidad de una hecatombe de esa naturaleza. Hay nuevas vibraciones producidas por el miedo.

Se acentúan con los preparativos que se advierten de una invasión a la isla. "Puede hacerse por los mismos cubanos que han perdido sus privilegios y por mercenarios, o puede ser por una invasión directa".

Ante esta situación, Cuba está pendiente. "Todo el pueblo espera. Se ha preparado. Pero los invasores tendrían que pelear con los campesinos, hoy dueños de las tierras, de las cooperativas. Es una masa inmensa dispuesta a defenderse".

Una invasión causaría una conmoción en todo el mundo... Y todo podría esperarse a partir de ese momento.

"Es un pensamiento tan espantoso el de una tercera guerra, que tenemos que alejarlo de nuestra mente".

Pero... "¿La invasión...?".

Neruda expresa que confía en que finalmente no se producirá. "Espero que el buen sentido y la cordura perdurarán hasta el final".

Esperanza en Kennedy

Kennedy es una esperanza. No tanto, según el poeta, por las declaraciones que ha emitido, sino porque llega sin ataduras.

Hace historia Pablo Neruda. Y juzga así:

"En toda América Latina, a pesar de que no se diferenciaba mucho Kennedy en sus opiniones con respecto a Nixon, hubo un movimiento de simpatía a su favor. Pronto fue señalado el joven senador por Massachussets como el candidato de nuestros pueblos. El voto de Latinoamérica consistió en las innumerables 'repulsas, silbidos y aun escupidos a Nixon en su viaje por parte del hemisferio. Causó olas de violencia'".

Fueron hechos concretos que marcaron la impopulari-
dad de la política de Eisenhower-Nixon.

"Y Kennedy ahora tiene ante sí una gran oportunidad.
No hay en su conducta razones apreciables para afirmar-
lo así. Pero sí algo que a la postre puede ser más importante que las declaraciones:

"Manos limpias para renovar la política de su país".

Agrega:

"A todos, a Estados Unidos y a Latinoamérica, convie-
ne una era de comprensión y mayor amistad entre nuestros pueblos.

"A Estados Unidos, cierto, se le deben grandes cosas
de la vida moderna: su adelanto, su progreso, la educación. Pero en el futuro las relaciones deberán llevarse en
un plano de igualdad y respeto. No puede Estados Unidos
seguir actuando como en otra época".

Neruda abre un respiro —quizá el único, hasta ahora,
en tantos minutos de conversación—, y subraya:

"Nuestros pueblos están muy ofendidos".

Tarde o temprano habrá cambios medulares en América. Como los habrá en el mundo. "Estamos ya en las horas finales del crepúsculo del colonialismo. Argelia, los
países asiáticos y los africanos están en camino de su independencia... En las horas finales de ese crepúsculo...",
repite ahora en voz más baja.

Un libro a la cárcel

Vuelve a México la conversación. Y sus hombres, en primerísimo lugar.

—¿Y Siqueiros?

Neruda le envió anteayer su último libro, con una dedicatoria cariñosa. La dedicatoria de un viejo amigo.

Ayer, dijo de él:

"Haré todo cuanto sea posible para que sea liberado Siqueiros. Es un pintor extraordinariamente admirado en nuestra América. Su pintura es soporte de la mexicana, que es la primera de América".

Se distrae un momento. Sorbe café. Luego apura un trago de coñac. Y continúa:

"Yo quiero que esté libre para que continúe su pintura. Y más ahora que está en pleno vigor".

"Haría lo indecible por que José Clemente Orozco y Diego Rivera revivieran, a fin de que volviesen a pintar. Y me parece que es mucho más fácil sacar de la prisión a Siqueiros. Pero ni lo uno ni lo otro depende de mí..."

Menciona a Lázaro Cárdenas. Si puede y, sobre todo, si el ex presidente se encuentra en la Ciudad de México, lo saludará mañana.

César Martino trae a colación uno de los versos en que Neruda habla de Cárdenas. Camina presuroso hacia un librero y selecciona un volumen lujosamente editado, de piel color sangre. Y muestra una página, de la que señala:

Canto a Cárdenas

Yo estuve;
yo viví la tormenta de Castilla.
Eran los días ciegos de las vidas.
Altos dolores como ramas crueles
herían nuestra madre acongojada.
Era el abandonado luto, los muros del silencio
cuando
se traicionaba, se asaltaba y hería
a esa patria del alba y del laurel...

El Premio Nobel y lo provinciano

Se habla de versos y salta casi de inmediato un recuerdo: dos veces ha sido propuesto Pablo Neruda para el Premio Nobel de Literatura.

Una fue el año pasado, y otra, tiempo atrás, ya lejano. Y una y otra ocasiones, partió la promoción de un grupo de escritores suecos.

El tema disgusta al poeta. Frunce el ceño y aviva el paso. Por vez primera se para frente a los grandes ventanales que dan al Paseo de la Reforma y se abstrae.

"Creo que el Premio Nobel responde a un sentido provinciano", dice de pronto.

Está muy lejos, por una parte. Se pelea mucho, por otra. Hay grandes cambios de opinión, además.

Surgen a veces latinoamericanos. Se piensa en ellos. Y a la postre siempre resulta triunfador un europeo.

"Ya lo vimos con Alfonso Reyes". Y el poeta chileno se deshace en elogios del escritor mexicano.

"Ya es tiempo de que volvamos la espalda a ese sentido provinciano del Premio Nobel. No logramos romper con esa idea, que tiene mucho de colonial. Debiéramos en América establecer un premio mucho mayor que el Nobel. Lo podría hacer cualquiera de nuestros grandes países. Hay unos que no. Bolivia, por ejemplo. ¿Qué iba a dar Bolivia?

Pero sí podrían promover un premio de gran resonancia México o Brasil o Venezuela. "Lo importante es que rompamos con esa tutela que tiene cierto aspecto colonial", insiste Neruda. Y no caer más en las trampas de esas campañas que mucho alientan en un principio y siempre terminan con favorecer a un europeo.

"Y hablo con desinterés. Y para demostrarlo propongo desde ahora que a mí se me nombre miembro del jurado que daría el premio, nuestro premio, lo que automáticamente me descontaría como candidato..."

Jacarandas y flores

Ahora sólo se conversa.

César Martino le pide a Neruda que estampe su firma sobre un verso a él dedicado.

Es un verso que habla de jacarandas y que sitúa a Martino como oriundo de Ciudad Guzmán.

—Sólo que yo soy de Durango y no de Ciudad Guzmán, Pablo.

El poeta muestra sus dientes cubiertos de nicotina. Se ríe. Es algo que no le importa. Él recuerda aquel paseo delicioso por Ciudad Guzmán una mañana cálida en que contempló las jacarandas en flor y en una abundancia que le sorprendió de la manera más agradable.

Luego, a su vez hace recriminaciones amables a Martino. Él debió prevenirlo y advertirle que no era de Ciudad Guzmán.

—¿...?

—Ciudad Guzmán, que es dura para hacer poesía. ¡Que palabras tan difíciles, tan ásperas!

Y Durango, en cambio, es toda dulzura. Sugiere mil rimas. Y por esos misterios de la poesía, al lado de las rimas mil ideas.

—Si tan siquiera hubieras nacido en Zacatlán, que es otra palabra tan bella para hacer poesía...

II
EL PRESIDENTE

II

La revolución bulle en Iberoamérica; cada país hará la suya

Santiago de Chile, 3 de noviembre de 1970

Nada tienen que ver los Andes con Sierra Maestra ni los problemas específicos de Chile con los de Cuba. Entre La Habana y Santiago existe la misma enorme diferencia que entre un pueblo que hace una revolución para crearse un ser nacional independiente y un país vinculado a ciento treinta años de vida parlamentaria en la paz. O para expresarlo en las literales palabras del presidente Salvador Allende: "'Los Andes serán una Sierra Maestra' fueron palabras de Castro y no mías". Y: "No seré 'puente' entre Castro y los Estados Unidos. Mi límite y mi problema, confundidos, son sólo uno: Chile.

"Vivimos con la tranquilidad y el buen ánimo de quien está decidido a todo –dijo durante nuestra conversación de setenta y cinco minutos–. Queremos desarrollarnos y crear una sociedad nueva en el cauce democrático al que somos plenamente adictos. No creo en una guerra civil, pero tampoco la descarto, pues si a Chile se le cierran los caminos, no quedaría más alternativa que la insurgencia armada. Se ha creado un clima de terror. Si prosigue, limitaremos las garantías individuales".

El encuentro con Allende se produjo en una fiesta que le ofrecieron cerca de veinte amigos. Tuvo el escenario la modestia que suele observarse aquí, aun en los niveles más encumbrados del poder o la riqueza: una casa de proporciones humanas que recuerda cómo la vida es sobre todo tarea. O sea, nada del futuro falsamente asegurado a través de fortunas tan escandalosas como sospechosas.

Allende llegó tarde y pronto fue arrebatado a sus comensales. Sin embargo, antes y después de la conversación privada con él, fue posible observarlo con detenimiento.

No se apodera de la palabra ni pontifica, lo que hace posible que a su alrededor se converse sin afectación. Forma así parte de una atmósfera, sin que la constituya o presida como santuario. Cerca o lejos, nadie pretende significarse por una frase brillante o una actitud cortesana. No cohíbe ni busca un público, acepta el whisky una y varias veces, se aproxima a las damas con naturalidad y con naturalidad las besa en las mejillas. El presidente de Chile es, en estas circunstancias, un ser cálido y atractivo, estrictamente un individuo.

La entrevista con él quedó planteada en términos netos. A la petición de registrar sus palabras en grabadora, saltó:

"No, compañero. Trabaje usted, no la grabadora".

Y cuando se habló de un cuestionario formal, respondió, siempre de buen humor:

"Improvise usted, como voy a improvisar yo. Iguales".

En una pieza sencilla, un simple ajuar y algunos cuadros, la mirada de Allende cobra el brillo de la vigilancia. El cuerpo conserva una posición relajada, pero la seriedad del rostro indica a las claras que el político está en su terreno.

Afuera de la casa de la calle de Vitacura no hay vigilancia especial. El presidente llegó a la cita en compañía de su esposa y de una especie de secretario y ayudante, mocetón de camisa abierta y tórax prominente.

El lenguaje es una línea; como la expresión de los ojos:

"La revolución cubana fue de azúcar y ron; la nuestra será de empanada y vino tinto".

—¿No podría explicar con otras palabras, más acá de la metáfora, lo que quiere decir?

"La revolución chilena es auténticamente nuestra, Cuba tenía sus problemas, su historia, su idiosincrasia, y nosotros tenemos nuestros problemas, nuestra historia, nuestra idiosincrasia. No se pueden comparar Cuba y Chile. Es imposible. Cuba, hasta el año 1838, tuvo la enmienda Platt (que dio forma 'legal' a la intervención). Recuerde que se liberó, sólo para caer de nuevo en manos de los Estados Unidos. Nunca hubo allí una democracia, ni siquiera burguesa. Todo fueron dictaduras. En cambio, Chile ha sido uno de los países más evolucionados de América Latina. El Congreso Nacional tiene más de ciento veinte años de existencia ininterrumpida. El Partido Radical, que forma parte de la Unidad Popular, tiene ciento siete años de vida. Sin una sólida, apasionada creencia en las instituciones democráticas, no es posible mostrar hechos tan elocuentes".

Las diferencias entre Chile y Cuba se generalizan en el continente. Pero hay una sustancia común, que Allende pondera en los siguientes términos:

"Yo creo que América Latina vive en una gran tensión. Que el proceso revolucionario bulle en el sustrato de cada uno de nuestros pueblos. Esta revolución se expresará en cada país con las peculiaridades propias de cada nación. Con las armas en la mano, el ejército popular o cauces electorales. No hay más alternativa. No hay una cuarta opción".

—Usted ha hablado de una sociedad nueva en Chile. ¿Qué entiende por ella?

"Nacerá la sociedad nueva cuando hagamos sentir al ciudadano su plenitud de derechos. Que no haya ciudadanos de primera, segunda y tercera categorías. En los países socialistas se ha logrado esto en un sentido. Digo que en un sentido porque nadie puede, ni podrá, igualar a todos los hombres. Biológicamente somos distintos. Nuestras diferencias se multiplican después por muchas razones. Pero el problema esencial es darle a cada uno, a todos, una opción, la misma oportunidad. Es preciso que exista un punto de partida igual, aunque el arribo dependa, finalmente, de cada uno".

—Alude usted a ciertas excelencias en los países socialistas. ¿No cree que la ausencia de libertad de crítica es en ellos una fisura esencial?

"Se habla de limitación de la libertad de expresión en gobiernos socialistas. Cierto. Pero en los regímenes capitalistas los medios de información están en poder de los grupos poderosos, económicamente hablando. La industria de la noticia es una de las más productivas. Y cuando los medios de contacto con las masas pertenecen a los grupos oligárquicos se convierten, no en instrumentos de información, sino en instrumentos de deformación de los intereses populares.

"Vamos a hacer que los propios periodistas dignifiquen su profesión, pudiendo opinar, pudiendo ser respetables y respetados ante su propia comunidad y no sometidos a la paga y al empleo. Puede haber cooperativas. Puede haber el derecho a que el representante del sindicato de la empresa escriba, bajo su firma, lo que piensan sus compañeros. Los periodistas, no el gobierno, escogerán su propio camino. El gobierno les dirá lo que pasa, los mantendrá bien informados".

—¿Quién juzgará de la veracidad u objetividad de las informaciones? ¿El propio gobierno?

"Nunca. Si interviene el gobierno, se acabó la libertad de prensa".

—¿Pero no han intervenido los gobiernos socialistas, acaso para anular formas fundamentales de la libertad de expresión?

"Cada país tiene su propia libertad. Cuando se está cercado, invadido, bloqueado, infiltrado, cuando se tiene que vivir con el fusil en la mano, un país no se puede dar el lujo de una crítica malévolamente intencional o mercenaria. Cuba, por ejemplo, bloqueada como está, tiene que defenderse".

—Luego, que prive el orden sobre la libertad.

"No. Pero yo pienso si mañana, por ejemplo, Chile, que dentro del cauce electoral ha buscado un camino propio, se ve cercado, oprimido por la maraña de los intereses nacionales e internacionales, y los periodistas no tienen la honradez de tomar conciencia de esos hechos y en vez de defender la dignidad de su patria hacen el juego al adversario, nosotros habremos de denunciarlos ante el Colegio de Periodistas. Si mañana invaden la frontera de Chile, no voy a permanecer con los brazos cruzados. Los denunciaré y así como exijo ética en el gobierno, exigiré ética en el periodista. El Colegio de Periodistas puede ser como el Colegio de Médicos. No faltaba más que este último no pudiera condenar a un abortero que se hace pasar por médico y se yergue en deshonra de la profesión. Para este tipo de casos, en su escala, en su medio, estaría el Colegio de Periodistas".

—Pero usted, señor presidente, ha hablado de ética en el gobierno y de ética en el periodismo. ¿Qué ocurre si el Colegio juzga que el periodista acusado tiene razón y que el falto de ética ha sido, es, el gobierno?

"El periodista seguirá diciendo todo cuanto quiera".

Es planteado a Allende el problema de Checoslovaquia.

"No me hable de Checoslovaquia. Estamos en Chile".

–Permítame ensayar otra forma: ¿no podría ser la experiencia de Chile, después de la "Primavera de Praga", un nuevo intento para hacer posible un socialismo con expresión y contenido verdaderamente humanos?

"Aquí no hay 'Primavera de Praga'. Es la primavera de Chile. Hemos vivido siempre en un invierno, bajo el frío de los intereses creados".

–¿Quién está en ventaja? ¿El régimen socialista que llega al poder por vía democrática o el que llega por el camino de la revolución?

"El que llega por vía democrática está, naturalmente, en desventaja. Tiene que respetar las normas vigentes. Y dentro de ellas, las nuevas formas. Yo apelaré al plebiscito si el Congreso rechaza las nuevas formas que el gobierno de Unidad Popular se proponga implantar".

–Pero el plebiscito es una forma de maniqueísmo, el *sí* o el *no* descarnado, sin razonamiento profundo. ¿Es válido? ¿Le satisface proceder así?

"Es cierto eso, pero es el único medio. No tengo otro camino. ¿O qué quiere usted? ¿Que me resigne? En esta lucha llevamos muchos años y siempre dentro de cauces democráticos. No nos apartaremos de ellos. El plebiscito lo prevé la Constitución. Es un arma de la que legítimamente puedo echar mano. Y apelaré a ella. En el *sí* o el *no* que usted plantea, tiene razón. Por eso, antes del plebiscito, trataremos de hacer una labor, lo más amplia posible, para que el pueblo entienda a fondo el problema planteado. Será una tarea de concientización alrededor de temas fundamentales".

—¿No podría una constante apelación al plebiscito hacer desaparecer al Congreso?

"Nunca haríamos desaparecer al Congreso. De eso no cabe la menor duda. Es forma esencial de la democracia chilena. Hay otras cosas de las que estoy igualmente cierto. Por ejemplo, de que nunca intentaré la reelección".

—Al Partido Comunista se le reconocen los cuadros mejor organizados. ¿Hasta dónde permitirá usted la ingerencia del Partido Comunista o de sus directrices en los asuntos de gobierno?

"Conozco bien los hilos de la situación chilena. Y tengo la responsabilidad del cargo y el sentido de la dignidad personal. Los partidos de Unidad Popular cuentan con larga trayectoria y su propio perfil. Nadie, ni yo, por supuesto, aceptaríamos la hegemonía de un partido".

—¿Qué hará si lo presionan con el argumento de que la ideología del presidente es la del Partido Comunista?

"No aceptaré esa identificación. Y mucho menos Unidad Popular, que consta de cuatro partidos y dos movimientos. Formamos un gobierno pluripartidista que por vez primera en la historia del continente está basado en el entendimiento razonado de cristianos, laicos, marxistas e independientes de izquierda".

—¿Es eso posible?

"¿Por qué no? El cristiano, el laico, el marxista y el independiente de izquierda que tienen hambre son igualmente hombres. Y nadie debe preguntarles por su apellido político ni por su actividad partidista para darles un pan con el concepto de caridad, sino para darles un trabajo con una profunda comprensión del problema social".

—¿Qué está primero, señor presidente, la libertad o la economía?

"El hombre está por encima de la libertad y la economía. Vale decir, lo que más necesite. Por supuesto que lo primero es la libertad, el valor eminente, pero siempre y cuando la economía esté al servicio del hombre. La libertad por encima de todo, claro. Pero si la economía no está al servicio del hombre, no hay libertad. ¿Hay libertad en el analfabeto, en el que no come, en el sin trabajo? Distingamos: hay libertad abstracta y libertad concreta. Se sueña con la abstracta, pero se realiza la concreta. Se especula con la primera y se vive con la segunda. Lucharemos por asegurar al hombre sus derechos al trabajo, a la educación, a la salud, al descanso, a la cultura, a la recreación y a votar en contra o a favor de la Unidad Popular, como quiera. Yo no puedo hablar ya de votación en contra de Salvador Allende. Soy sólo una pieza en la gran estructura política de la unidad. No pierdo mi perspectiva. No soy hombre mesiánico ni caudillo".

—Se dice que usted admira por sobre todo a Ho Chi Minh, a Mao, al Che Guevara, a Castro. ¿No implica esta actitud admirativa una definición política intrínseca?

"Pero añada: también admiro a Cristo, a Lázaro Cárdenas, a Bolívar, a O'Higgins, a Morelos, Miranda, Lenin, a muchos más".

—En su casa tiene usted colgados cuadros sólo de los cuatro primeros.

"Es que son cuadros dedicados por Castro, Che Guevara, Ho Chi Minh y Mao, a quienes evidentemente admiro. O qué quiere: ¿que cuelgue un cuadro dedicado por Cristo?"

—¿Admira usted a cierto tipo de hombres porque realizaron o intentaron realizar lo que parecía imposible? Si es así, ¿cuál sería para usted, en Chile, lo imposible?

"Yo no pienso en medida de imposibles. No me comparo con nadie. Mi proporción es la chilena. En Chile funciona la Unidad Popular. En ella, vuelvo a decir, soy una pieza. Como pieza que soy, sé bien claro que tengo un imperativo: no defraudar al pueblo. Y no defraudarlo es hacer del chileno un hombre integral. Un hombre nuevo con una nueva moral, un nuevo horizonte, nuevo sentido de los valores. Una sociedad nueva en todo. Acabar, desde luego, con la explotación del hombre por el hombre".

—¿Considera usted que la propiedad privada es una forma de explotación del hombre por el hombre?

"Acabaré con ella siempre que perjudique a los demás. Pero, ¿por qué voy a terminar con la propiedad privada de su casa, o de su automóvil, o de su pequeña industria, o de su pequeño campo? Sólo pondremos los medios de producción esenciales en manos del Estado. No aplicaríamos la misma noción para una fábrica de botones que para la empresa cuprífera".

—¿Nacionalizará usted los bancos?

"Por supuesto. Yo sigo con el viejo criterio del escritor teatral Brecht, lo digo en broma, entre nosotros: ¿qué es mayor delito? Escoja: ¿fundar o robar un banco?"

—¿Qué profundidad y alcance tiene la retracción de inversiones que se ha producido en Chile?

"Se ha creado un clima de terror. Un plan diabólico que terminó o empieza con el asesinato del general Schneider".

—¿Puede llevarle ese clima de terror a limitar las garantías individuales?

"Si prosiguiera, sí. Si son necesarias esas medidas, claro. Lo demás sería comportarse como un ingenuo. De ninguna manera vamos a crear un clima ideal para que arrojen bombas. Si se desata la violencia reaccionaria responderemos con la violencia revolucionaria. Es claro que no seremos nosotros los promotores de la violencia. Constituimos el gobierno por limpia, inobjetable vía democrática".

—Hay quienes piensan que Castro se vio arrinconado y por eso radicalizó su política. Si usted se viera arrinconado, ¿reaccionaría como Castro?

"Apelaré siempre a las reservas morales de Chile y no cesaré de concientizar a mi pueblo. Pero yo le pregunto: si a un país se le cierran los caminos, ¿qué le queda? No queda más alternativa que la insurgencia armada. Estamos dispuestos a todo".

—¿Algo impide la inmediata reanudación de relaciones con Cuba?

"No es éste un problema que pueda interpretarse, por su aplazamiento, como un capricho, sino como una decisión que habré de tomar de acuerdo con el momento oportuno para Chile y considerando, también, como es claro, el interés de Cuba".

–¿A qué obedece el aplazamiento?

"A mi propia decisión".

–Es evidente. Pero eso no explica nada.

"Reanudaremos relaciones con un gobierno determinado cuando puedan evitarse lesiones innecesarias para Chile y para la otra parte. Es el ejemplo, para mencionar uno posible, que no aplico a nadie en particular, de la tramitación de alguna operación importante. Si la gestión diplomática pudiera deteriorar la operación, haremos lo necesario para llevarla a cabo sin acumular obstáculos y, por supuesto, sin el sacrificio de nuestros propósitos en el orden político".

–¿Vislumbra usted posibilidades de guerra civil en Chile?

"No creo en la guerra civil. El pueblo es suficientemente fuerte como para impedirla. Las fuerzas armadas chilenas son fuerzas armadas profesionales respetuosas de la Constitución y de la ley. No son guardias pretorianas al servicio de un hombre. La lección de patriotismo y ecuanimidad del pueblo chileno en las últimas semanas avala mi pensamiento y justifica la confianza en el futuro. Pero los signos de violencia fueron inusitados, de tal manera que es cauto decir que todo pudiera pasar. Y el sacrificio del general Schneider, quiero añadir, no será en vano.

"Los problemas de América Latina son claros. Nuestros pueblos buscan su propia expresión. Cuando puedan hacerlo, comprobaremos que han roto las cadenas que los hacen depender de lo que no son ellos, de oligarquías internas o fuerzas económicas externas. Cada país tiene su problema peculiar, pero todos tenemos el común de expresarnos y ser.

"México es un gran país que nace de una revolución, que vive por la revolución, que pare la revolución. Ha encontrado una forma de expresión. Hablo de México como ejemplo, porque descarto toda clasificación ortodoxa de países o gobiernos. De lo que se trata es de hacer madurar la conciencia de América Latina, encontrar la raíz, la conciencia como pueblos. En su ámbito y circunstancias, cada uno sabrá cómo hacerlo".

—¿Cree usted que es tiempo de realizar esfuerzos para normalizar las relaciones con Castro a nivel continental?

"Pienso que sí. Los chilenos actuaremos cuando y como queramos. Vuelvo a decir: cuando las condiciones sean favorables. Nosotros estableceremos relaciones con Cuba cuando lo estimemos conveniente. Hacemos uso de nuestro derecho, como México lo ejerció cuando no rompió relaciones con La Habana pese a las presiones que sufrió".

—El sistema interamericano descansa en el concepto de América como unidad. ¿Es congruente con la realidad? ¿Qué piensa de la OEA, señor presidente?

"No ha defendido a América Latina. Creo que debiera crearse una organización internacional de los pueblos latinoamericanos, donde no pesara tanto el hermano mayor".

—¿Cuál es, según usted, el gran pecado del hermano mayor?

"Sus dólares o sus *marines*".

—¿El resultado?

"Que desconoce a América Latina en su sufrimiento y en su esperanza".

—¿Cuáles serían las consecuencias para la ONU de no admitir a la China de Mao?

"No las puedo medir. Sólo sé que sería un error gigantesco, una estupidez soberana no admitir en una organización internacional a novecientos millones de seres humanos. Sin contar con el hecho de que demostraría la parcialidad del organismo".

—Castro ha planteado la posición cubana y la posición estadounidense como irreconciliables y...

"Ése es un problema cubano. Pregúnteselo a Castro".

—¿Piensa usted convertirse en "puente" entre los dos sistemas?

"No. Mi limitación es clara. Aspiro a ser un hombre que sirve a su patria y que es, en todo momento, consecuente con sus ideas y lucha por ellas".

—¿En la democracia?

"Sí, pero no en la formal, sino en la auténtica. Es la que la contempla no desde la perspectiva de la oligarquía, sino desde la perspectiva del pueblo. No desde la perspectiva del dinero y de la prepotencia, sino desde la perspectiva del sufrimiento y las frustraciones de la mayoría, que ha de tener la misma opción, las mismas oportunidades que los que más poseen".

–¿Qué representaría, en un contexto amplio, su éxito como presidente de Chile? ¿Y qué significaría su fracaso?

"Sé bien que si fracaso, los gorilatos de América estarán de plácemes. Pero sé bien que si no fracaso, serán los pueblos los que estarán de plácemes. De allí, en el sentido en que usted lo plantea, nuestra gran responsabilidad".

Habla de Lázaro Cárdenas, a cuya viuda se ha dirigido por carta. Por vez primera en una hora quince minutos el presidente Allende abre un intervalo entre pregunta y respuesta. Dice al fin:

"Un gran saludo para México y su pueblo en el recuerdo de una de las figuras más eminentes de la época actual. Ha sido uno de los forjadores más significativos de la revolución latinoamericana. El que primero supo detener la insolencia imperialista y dio los primeros pasos de la reforma agraria".

El general Cárdenas, por cierto, se encontró con el doctor Allende en Cuba un 26 de julio, en 1959. Fueron ambos invitados de Castro. Entonces –recordamos– se dijo que los Andes serían una Sierra Maestra.

"Fueron palabras de Castro, no mías".

Independencia económica y fin de la minoría esclavizante, objetivos de Latinoamérica

Ciudad de México, 1° de diciembre de 1972

En el horizonte de América Latina, "el pueblo continente", se perfilan dos objetivos: la independencia económica de nuestros países y el mando, que ineludiblemente habrá de llegar, de mayorías explotadas y sujetas por minorías arraigadas a un poder ilegítimo.

En su primera entrevista en México, contados los minutos, tenso el periodista por las miradas ansiosas de quienes esperaban un saludo o un intercambio de palabras con el doctor Salvador Allende y presionaban de un modo u otro para que la conversación tuviera rápido fin, el Primer Mandatario Socialista de América declaró también:

"México y Chile coinciden en sus fines, si bien cada uno de acuerdo con su idiosincrasia peculiar. La actitud y el trabajo político del presidente Echeverría resultan extraordinarios en esta hora en que es preciso encarar la verdad y hacer, al fin, lo que por muchos años se dejó de hacer. Es una tarea para que los Estados Unidos cambien su actitud con América Latina".

Sin señal de fatiga, de buen humor, accesible en medio de un asedio tan comprensible como inevitable, con segundos para el rector Pablo González Casanova, para Jesús Reyes Heroles, para Sergio Méndez Arceo, para David Alfaro Siqueiros, bromista con grupos de estudiantes, siempre atento a las palabras de su embajador, personaje que sin sentirlo o manifestarlo, imprimió a la entrevista el drama del juicio cuando habló de Vietnam y de la inevitable y muy cercana paz.

Paz —es su idea inequívoca— que es una mancha. Paz con océanos de cadáveres e inválidos a la vista, con sufrimientos indescriptibles, con una tragedia que anidó en millones de seres y que se ha extendido a lo que parecía imposible: la destrucción de la ecología y un panorama helado donde sólo debía caber lo que todo hombre anhela para sí y su contorno: la posibilidad de vivir la vida con dignidad y seguridad.

Chile, la URSS, Cuba, su viaje

Nada tan obsesivo como la concentración. A veinte centímetros de Allende, que habla en voz muy baja, preguntas y respuestas cobran inusitada velocidad. Los ojos se vuelven oídos. La inteligencia del presidente trabaja con el ritmo en él habitual. Firme, sin dubitaciones, incursiona por los temas que a todos importan, porque de un modo u otro nos trascienden.

Acerca de Chile:

"Mi gobierno no es un gobierno socialista: es un gobierno que se abre al socialismo... Pensamos asociarnos con empresas mixtas y dejar un amplio margen a la empresa privada, a la pequeña y a la mediana industrias".

Sobre el extremismo:

Pleno respeto para los hombres de convicción, pero sin olvidar que no se puede vivir en la sola teoría. "Son los hechos, los duros hechos de que hablaba Lenin, los que también es imprescindible tomar en cuenta".

Por lo que hace a Echeverría:

"Es un gobernante con visión de futuro que se expresa en el lenguaje del pueblo".

En cuanto a los obreros:

No cree que estén aburguesados en los países en vías de desarrollo. En Chile, lejos de ello, han sido la gran fuerza y son la gran esperanza. "Han sido la conciencia, la voluntad que atajó al fascismo".

Nixon y sus diferencias con Chile:

"Estamos dispuestos a dialogar con quien sea, pero sobre la base del respeto a nuestra dignidad, a nuestros derechos, a nuestras leyes y a nuestra Constitución".

Cuba:

"Los pueblos no pueden aceptar que se les discrimine. Cuba, ha sido el error de los Estados Unidos y un impulso a las buenas causas latinoamericanas".

Su viaje a la Unión Soviética:

Allende es reservado, quizá hasta cauto. La discreción y el buen manejo del lenguaje político hacen que nada quede en claro y sí todas las posibilidades abiertas. Hay razones económicas, comerciales y diplomáticas en ese vuelo a la URSS. El cuadro que pinta es como un paisaje en bruma. Se sabe lo que hay enfrente, pero se desconocen los contornos, como ocurre con lo que toca la realidad e incide en la imaginación. "Voy porque me interesan aspectos industriales y la cooperación técnica... Fue el primer país socialista que me invitó..."

Más gente de la Iglesia con el pueblo

Al hablar de la Iglesia:

"Cada día es mayor el número de las gentes de las iglesias, de las distintas iglesias, que están junto al pueblo. En el caso de Chile podemos decir que es muy satisfactorio que exista una unidad de ligas cristianas y marxistas".

Toca el punto de las fuerzas armadas:

En Chile tienen "un gran sentido profesional y son respetuosas de la voluntad colectiva".

Abandonar la residencia del embajador Hugo Vigorena es cobrar conciencia de una nueva realidad. El frío de la noche, los grupos que esperan en las afueras del 1530 de la calle de Corregidores, los guardianes que protegen aceras y calles, una vibración que expresa, con el mejor de los lenguajes, la trascendencia de una visita que es seguida con la expectación reservada a lo extraordinario.

Diez, doce, acaso, fueron las preguntas formuladas al presidente Allende. Sentado en un sillón de alto respaldo, sin las pretensiones del señor artificioso, pero cómodo como si estuviera en un lecho, respondió con la prontitud y la naturalidad de quien domina la materia de la *a* a la zeta. Cuando una voz, nerviosa hasta bordear la angustia, le pidió que diera término a la conversación, dijo simplemente.

"Espera, hombre, espera".

Allende es así. Piensa aprisa y habla aprisa, enreda unas palabras con otras y apenas se da pausas, pero exteriormente se comporta como si la eternidad estuviera de su lado.

"Vamos en pos de los mismos objetivos"

Preguntó el periodista:

—Si Chile no vive una revolución sino un proceso revolucionario, como usted ha dicho, ¿hay una diferencia substancial con el proceso político mexicano o vamos Chile y México en pos de los mismos objetivos?

"Creo que vamos en pos de los mismos objetivos, pero de acuerdo con la realidad de cada país, de nuestros pensamientos, de nuestra idiosincrasia. El proceso chileno lo hemos caracterizando como un movimiento social revolucionario dentro de los marcos de la revolución. De ahí, justamente, las dificultades que afrontamos con un proceso que es social y pluralista. Ahora ¿cuál puede ser la finalidad de todo proceso en América Latina? Buscar la independencia económica de nuestros países y darla como componente de nuestro pueblo-continente".

—Si el socialismo que usted preconiza supone el control por parte del Estado de todos los medios de producción, ¿es ello posible sin la violencia?

"Nosotros no hemos dicho 'todos los medios de producción' y en esto hemos sido muy claros. Mi gobierno no es un gobierno socialista, sino un gobierno que se abre al socialismo, sin la vieja sociedad y con la nueva sociedad. Por eso hemos planteado nuestra tarea en tres áreas de la economía: el área social, en la cual están los monopolios, un sistema en el cual no aparece necesariamente una sola empresa, sino cabezas de empresas y un área mixta de intereses estatales y privados. Sabemos que en Chile hay más o menos treinta y cinco mil industrias y hemos planteado la necesidad imperiosa de la nacionalización, en una etapa básica, de noventa y un empresas que podrán captar unas ciento treinta o ciento cuarenta empresas. Pensamos asociarnos con empresas mixtas y dejar un amplio margen a la empresa privada, a la pequeña y a la mediana industrias. En este camino estamos andando, caminando este camino estamos".

"Absurdo nacionalizar todo el comercio"

Sigue el presidente:

"No nos parece y pensamos que sería absurdo, por ejemplo, nacionalizar todo el comercio. ¿Qué haríamos con trescientas mil o más personas que tienen veinticinco o treinta años dedicados a su trabajo y que no están aptos para desempeñar otras funciones? Lo importante es que esas personas entiendan lo que es un gobierno popular que se da a respetar en tanto ellas lo respetan, como exigimos que respeten a la gente de quienes viven. Nos importa que no se usen medios de especulación frente al pueblo, como nos importa que exista pleno respeto para los comerciantes y que entre ambos factores exista un contacto saludable. Cuando estos comerciantes que abrieron sus locales fueron amenazados por los grupos que querían el paro —habla el presidente de los recientes hechos habidos en Chile—, fue la gente la que garantizó el orden".

—Recuerdo su frase al MIR: "A mi izquierda sólo hay el vacío". ¿Hasta qué punto el extremismo es contrarrevolucionario en América Latina?

"Yo siempre he tenido respeto por la gente que tiene convicción revolucionaria. En mi caso, vivo esa convicción. Pero en ocasiones existe falta de realismo, porque es preciso estar junto a la masa para darse cuenta de lo que es la masa y lo que desea, o bien, para encauzar a la masa recibiendo de ella las lecciones que lega y las cuales es preciso aplicar en el momento y tiempo oportunos. Son los hechos, los duros hechos de que hablaba Lenin, los que también es imprescindible tomar en cuenta".

—¿Hasta qué grado actitudes como las del presidente Echeverría —su tono admonitorio, su intervención en el Congreso estadounidense, su posición en materia de inversiones extranjeras— puede hacer variar el comportamiento de los Estados Unidos con respecto a América Latina?

"Creo que la posición del presidente Echeverría manifestada en Chile, especialmente en la Tercera Reunión de la UNCTAD y reiterada en el Congreso de los Estados Unidos, señala un hecho de importancia extraordinaria. Indiscutiblemente caracteriza a un gobernante con visión de futuro y que se expresa en el lenguaje del pueblo".

Allende parece evadirse por un mundo que no es rigurosamente el nuestro, pero que lo es en más de un sentido, pues no siendo nuestra geografía ni nuestra historia, nos envuelve y por momentos aprisiona. Habla de Vietnam, duro el rostro hasta parecer sombrío.

"Los Estados Unidos han tenido una experiencia y esa experiencia se llama Vietnam. Imagínese la paz. La paz que se viene encima de Vietnam. Pero ¿cuál es el balance que queda? Millones de personas muertas, inválidos, heridos, un país arrasado, la ecología destruida, millones de millones de dólares mal gastados. Con un año de la guerra de Vietnam se resolverían problemas esenciales de América Latina en alimentación, vivienda, educación. ¿Qué experiencia es ésa? ¿Vietnam no va a valer, no va a contar para los Estados Unidos? ¿No va a significar nada eternamente? Ahí están la crítica, la repulsa de vastos sectores de los propios Estados Unidos y una condena mundial. ¿Para quién, para qué, qué es esta paz?

El propio Allende rompe la tensión creada por sus frases, tan discursivas y apasionadas como periodísticas y fáciles de guardar en la memoria. El rostro de nuevo sonriente, parece decir: "Y... ¿qué más? Volvamos al hilo de nuestra conversación".

No es fácil. La pasión abre, a veces, abismos que marean. Sin embargo, volvemos al cauce de la entrevista: nuestros problemas inmediatos, los más cercanos al tacto, los que rozan o queman la piel.

"La clase obrera no está aburguesada"

—Si la clase obrera parece sometida a un proceso de aburguesamiento —o es fuerza estabilizadora— y los campesinos representan una remota posibilidad para el cambio, ¿está en las universidades la fuerza para un futuro distinto?

"Discrepo de su punto de vista: la clase obrera no está aburguesada. En los países en vías de desarrollo, insisto, no está aburguesada. En nuestro país ha habido el primer paro patronal de la historia, el paro de los sectores de la burguesía poderosa contra los trabajadores, sin que pudiera paralizar a Chile porque los trabajadores, con su conciencia, hicieron que las empresas caminaran. Fueron los trabajadores los que tuvieron el frente de batalla del trabajo y asumieron su responsabilidad con valor y decisión increíbles. ¿Quería la burguesía el enfrentamiento? Sabía perfectamente bien que los trabajadores son más nuestros que de ella, mucho más, pero querían provocar el caos y que las fuerzas armadas dijeran: "No puede ser éste el gobierno. El gobierno está sobrepasado". Yo dije: "No salgan los trabajadores a la calle; el gobierno tiene las instituciones para mantener el orden público. Los trabajadores, ¡a su sitio de trabajo, a impedir que el país se pare! ¡Los estudiantes a estudiar, los trabajadores a trabajar! Los estudiantes crearon las brigadas, estuvieron en las fuentes agrícolas. Los trabajadores hicieron su tarea, trabajaron, cumplieron y durante el supuesto paro se produjo más que en la época normal. Por eso no creo que los trabajadores estén aburguesados en los países en vías de desarrollo. En el caso de Chile, desde luego no. Los trabajadores han sido la conciencia, la voluntad que atajó al fascismo".

—¿Estaría dispuesto Chile a establecer una relación económica con la Unión Soviética similar a la de Cuba?

"He oído decir a Fidel que le debe a la Unión Soviética una gran comprensión y un gran apoyo económico. Yo voy a la Unión Soviética porque fue el primer país socialista que me invitó y, además, porque me interesan aspectos industriales y la cooperación técnica".

—¿Qué fuerzas le han impedido entenderse con el presidente Nixon? ¿Hasta dónde son insuperables, dado que después de su aplastante triunfo electoral es un interlocutor tan válido como el que más?

"Ninguna fuerza de allá lo ha impedido. Nosotros estamos dispuestos a dialogar con quien sea, pero sobre la base del respeto a nuestra dignidad, a nuestros derechos, a nuestras leyes y a nuestra Constitución".

"Cuba, el error de Estados Unidos"

—Y ellos... ¿están dispuestos?

"No lo sé. Y usted tampoco".

—¿Considera usted que la autoexclusión de la política de América Latina por parte de Cuba ha sido o es un freno para el cambio en el área?

"Cuba ha sido el error de Estados Unidos y un impulso a las buenas causas latinoamericanas. Indiscutiblemente los pueblos no pueden aceptar que se les discrimine. No puede atacarse el pensamiento de los pueblos latinoamericanos, como no pueden olvidarse ni pasarse por alto la realidad y las luchas de nuestros pueblos. Error de Estados Unidos, error de Estados Unidos, evidentemente".

—Sobran fuerzas que sostienen a los movimientos conservadores de América Latina y escasean los apoyos consistentes para el cambio. ¿Por qué?

"Sobre las fuerzas conservadoras, creo que son una minoría los que tienen el poder económico y los medios de difusión. Donde sobra la fuerza es precisamente en los hombres marginados. Cuando ellos tengan plena conciencia de su situación, cuando ellos cambien, cuando ellos se den cuenta de que son la mayoría, cuando sepan a ciencia cierta que no pueden seguir mendigando sus derechos, no habrá diques esclavizantes. Ocuparán los primeros planos, las primeras posiciones, como que les pertenecen. La experiencia hará su parte".

Una interrupción y un símil que captamos apenas. El presidente Allende juega con el hombre y su sombra.

Ahora la sombra lo ha precedido cuando se trata de marginados, de explotados. La angustia primero al frente, el hombre mismo, sin conciencia lúcida de sí, a la zaga de su sombra. Pero gira la tierra y llegará el momento en que este ser tan incomprendido, tan sufrido, lleve a su sombra a la zaga, uno, real, entero frente al horizonte. ¿Fue así? Es posible. Porque la atención sufrió una fractura frente a un hecho que momentáneamente se impuso a la conversación:

—¿Cuál cree usted que es el papel reservado en América Latina a la Iglesia y al ejército?

"No creo que se pueda generalizar en esta materia. Lo único que puedo afirmar, con profunda satisfacción, es que cada vez es mayor el número de gente de las iglesias, de las distintas iglesias, de las distintas religiones, de las distintas creencias que están junto al pueblo. En el caso de Chile podemos decir que es muy satisfactorio que exista una unidad de ligas cristianas y marxistas.

"En cuanto a las fuerzas armadas lo único que puedo decir, y con profundo orgullo, es que las de mi patria tienen un gran sentido profesional y son respetuosas de la voluntad colectiva".

Hubiera sido imposible retener un segundo más al presidente Allende. Pero es él quien medita. "Un momento", pide. Desea expresar su gratitud, "reconocimiento a todo cuanto representa la posición de solidaridad y de apoyo del gobierno y el pueblo de México a la lucha de Chile.

Y a *Excélsior*, le agradece la colaboración, "que ha sido fraternalmente acogedora, para decir la verdad cuando se

combatió al proceso revolucionario chileno en la forma
más aviesa".

III
EL GOLPE

I. LA REPRESIÓN EN TODAS SUS FORMAS
AHOGA AL PUEBLO CHILENO

Santiago de Chile, 15 de mayo de 1974

La tragedia es de tal magnitud que el comentario atenuaría el horror escueto de lo que aquí ocurre. Que hablen los documentos y testimonios directos: torturas generalizadas; fusilamientos sobre la marcha, ley fuga o simulacros de fusilamiento; hacinamientos y campos de concentración; despidos masivos, delaciones, las más variadas formas de la represión en un país que deja indefensos a hombres y mujeres.

Por arbitrios legítimos, *Excélsior* obtuvo el documento interno del Comité de Cooperación por la Paz en Chile, recuento de lo ocurrido aquí desde el 11 de septiembre. Está presidido el comité por monseñor Fernando Ariztia, obispo auxiliar de Santiago; don Helmut Frenz, obispo luterano de Chile, y por el jesuita Fernando Salas. Han trabajado los religiosos con pruebas que "no dejan lugar a dudas", según se asienta en el escrito.

El documento, que da idea de la angustia y el dolor que ha vivido y vive Chile, consta de ocho anexos. Los referidos a "Torturas", "Instituciones encargadas de reclusiones y aprehensiones", "Desarrollo de las acciones del gobierno militar en contra de los disidentes políticos" y "Situación de las mujeres en Santiago" tienen la fuerza y la alucinación del dato desnudo.

Funciona la sede del comité en una casa de mil puertas y pasillos, fría y misteriosa en apariencia, febril y clara en su realidad íntima. Llegan a la morada —hay doce subsedes en todo el país–, ocho meses después del golpe militar, entre doscientas y trescientas personas cada día. Son centenares los voluntarios que levantan fichas y ordenan archivos. Muchos nombres están en clave. Las investigaciones se han hecho hora a hora hasta reconstruir un periodo que expresa su intensidad en esta frase oída a cada momento en el número 2338 de la calle Santa Mónica:

"Hoy no importan los derechos políticos en Chile. Son los derechos humanos los que están en juego".

Datos y relaciones: anexo "Torturas"

Después de explicar a qué extremos se ha llegado y describir cómo "una niña de quince años fue desnudada, embetunado el cuerpo con deshechos y asaltada por ratas", el anexo "Torturas" explica:

"1. Las torturas indicadas son sólo aquellas que no dejan margen de duda. Han sido recordadas por quienes las han sufrido o relatadas por quienes las han presenciado o conocido. Aquellas experimentadas por personas fallecidas se han deducido de las huellas de los cuerpos de las víctimas, cuando ha habido ausencia de cualquier otra causa. En un caso, un menor detenido de diecisiete años narró el maltrato recibido a una persona que lo visitó en la cárcel. Dos días después se le dio por muerto debido a 'intento de fuga'. Casos similares son los de cuatro personas que, según el diario *La Prensa*, en su edición del 22 de diciembre de 1973, murieron en un entrenamiento con militares. Testigos afirman haber presenciado su detención cuatro días antes y la muerte de al menos uno de ellos durante un interrogatorio efectuado el día 20. En suma, no se han incluido en este informe todos aquellos casos que figuran como muertos por 'intento de fuga' o en 'enfrentamiento con militares', en los que pudo haber existido realmente muerte por maltrato, sino sólo aquéllos de los cuales existen testimonios.

"2. No se ha consignado entre las formas más comunes de maltrato el desnudamiento, salvo que se combine con otro tipo de maltrato, por consistir en un recurso empleado en casi la totalidad de los casos.

"3. A gran parte de los detenidos se les vendan los ojos y lo mismo se hace prácticamente con todos los interrogados. El encapuchamiento o vendaje señalado en el presente informe se refiere al aplicado después o entre los interrogatorios. Este procedimiento fluctúa entre el par de horas, los cuatro días y el mes, y a veces se alterna con confinamientos a piezas oscuras.

"4. Un considerable número de testimonios indican que, previa su puesta en libertad, se les hace firmar a los detenidos un documento en que declaran haber recibido buen trato. Este acto está en ocasiones precedido por otros recursos tendientes a asegurar el silencio de los torturados, como la hipnosis y las amenazas a ellos y sus familias. El estado de desesperación y la ansiedad de los interrogatorios suele hacer fracasar los intentos de hipnosis, pero este inconveniente es superado impidiendo al sujeto contraer el sueño la noche anterior".

Extremos del sufrimiento

El informe, que abarca seis meses con todo detalle y sigue en elaboración, distingue tres etapas: del 11 de septiembre hasta fines de octubre; del primero de noviembre al último de diciembre y del primero de enero al 11 de marzo.

Estos son los resúmenes de torturas físicas y su frecuencia, en la primera etapa:

Electricidad en diversas partes del cuerpo, preferentemente en encías, genitales y ano: siete casos; golpes: quince; vista vendada o encapuchamiento: tres; quemaduras con ácidos o cigarrillos: catorce; inmersión en petróleo o agua: tres; flagelación indeterminada: dos; calabozo insalubre o con insectos: dos; obligación de presenciar o desarrollar actividades sexuales: dos; revolcones en piedras: dos; obligación de presenciar torturas: uno; ingestión de excrementos: uno; potro: uno; colgamiento por el cuello: uno; falta de agua por una semana: uno; fractura deliberada en un brazo lesionado: uno; lanzamiento al vacío con vista vendada: uno; yatagán en las uñas: uno; cortes en manos: uno; desnudamiento al sol: uno.

Torturas sicológicas:

Amedrentamiento con alusión a familiares; simulacro de fusilamiento; simulacro de atropellamiento.

Lugares identificados:

Regimiento de Los Ángeles, Escuela de Ingenieros Militares de Tejas Verdes, Regimiento de Infantería de San Bernardo, Regimiento de Coraceros de Viña del Mar, Regimiento de Guías, Escuela de Telecomunicaciones de Valparaíso, Academia de Guerra Naval, Tercera Comisaría de Bulnes, Estadio Nacional.

Consecuencias comprobadas:

Necesidad de tratamiento siquiátrico intenso; insomnio, dolores de cabeza y ojos, fallas reiteradas de memoria; síntomas repetidos de aborto, en cuyo defecto el feto nacería con fallas genéticas; costillas rotas, lesiones internas; traumatismo encefalocraneano, costillas hundidas y pelvis quebrada; pie reventado.

Muertos en torturas:

Cuatro casos, de los cuales un cadáver no pudo ser vestido.

Relación de la segunda etapa

Segunda etapa; torturas físicas y su frecuencia:

Electricidad: diez casos; golpes: nueve; vista vendada o encapuchamiento: cinco; quemaduras con ácido o cigarrillos (provocó muerte): uno; flagelación indeterminada: uno; extirpación de testículos (condujo a muerte): uno; cráneo hundido con ausencia de masa encefálica (muertes): dos; obligación de presenciar flagelaciones: uno; baños de agua fría (provocó muerte): uno; manoseos a mujeres: uno; impedir sueño a patadas: uno; disparos de fusil junto a oídos: uno; asfixia (provocó muerte): uno; extracción de uñas: uno; fractura de brazo: uno.

Torturas sicológicas:

Amedrentamiento con alusión a familiares; fotografía en diversas posiciones; simulacro de violación a mujeres; simulacro de fusilamiento.

Consecuencias comprobadas:

Dedos quebrados; depresión permanente y ensimismamiento; serios problemas nerviosos.

Lugares identificados:

Estadio de Chile, Recinto Militar Maipú, Regimiento Tacna, Recinto Militar Cerro Chena, Investigaciones, Regimiento Buin, Base Aérea El Bosque.

Relación de la tercera etapa

La tercera etapa consigna, respecto a torturas físicas y su frecuencia:

Electricidad: diez; golpes: diez; vista vendada o encapuchamiento: cuatro; quemaduras con ácido o cigarrillos: dos; torturas indeterminadas: siete; potro: dos; colgamientos: uno; presenciar torturas: uno; pinchazos: uno; arrastrado por el suelo: uno; amarrado desnudo a una silla por dos días: uno; pihuelo (colgamiento de pies y manos con luz ultravioleta en cabeza y piso de concreto húmedo): uno.

Torturas sicológicas:

Simulación de fusilamiento.

Consecuencias comprobadas:

Edema pulmonar, hombro desgarrado, manos quemadas, hematomas en tórax, trastornos síquicos, mandíbulas destrozadas, brazo inmovilizado, piernas perforadas, espalda magullada, síntomas de epilepsia, serios problemas para modular correctamente, tratamiento de neurocirugía, brazos zafados, cojera.

Muertos: seis (anemia aguda, dos cadáveres incinerados antes del reconocimiento y por ende sin consentimiento de la familia, otro con una pierna menos, otro con las extremidades totalmente calcinadas).

Lugares identificados:

Tejas Verdes, Concón, Carabineros Maipú, Base Aérea El Bosque, Londres 38 y Tercera Comisaría.

Informaciones respecto a menores:

Un niño de dieciséis años fue encerrado por quince días en un cajón con un agujero por el que se le proporcionaba alimento; una niña de quince años fue desnudada, embetunado el cuerpo con deshechos.

La fría enumeración

El anexo que consigna los sitios de reclusión, aprehensiones e investigaciones señala:

1. Campos de concentración (entendemos por tales lugares especialmente destinados a mantener gran número de personas arrestadas bajo custodia militar y en condiciones similares a las de campamento de prisioneros):

a) Putre (provincia de Tarapacá, Departamento de Arica). Informaciones insistentes hablan de la existencia de este lugar como campo de prisioneros; se carece, sin embargo, de testimonios directos; b) Chacabuco (provincia de Antofagasta); c) Piragua (provincia de Tarapacá); d) Isla Diesco (provincia de Valparaíso); e) Isla Quiriquina (provincia de Concepción); f) Isla Dawson (provincia de Magallanes).

2. Lugares de reclusión en la provincia de Santiago (algunos de estos lugares son ocupados como tales un tiempo y luego cambian de carácter o son definitivamente destinados sólo a su uso anterior. Esta información es vigente a lo menos hasta marzo de 1974):

Escuela Militar, Regimiento Buin, Regimiento Tacuna, Regimiento de Telecomunicaciones, Regimiento Blindado

Número 2, Base Aérea El Bosque, Academia Politécnica de Aviación, Academia de Guerra de las FACH (Fuerzas Aéreas de Chile), Base de Quinta Normal de la Armada Nacional, Ministerio de Defensa Nacional (Subterráneo), Subterráneo de la Plaza de la Constitución, Cuartel General de Investigaciones, Cuarteles de Investigaciones de Buñoa, Quinta Buin, Renca, Barranca, Paine y Puente Alto, Regimiento de Tejas Verdes, Regimiento Bucalemu, Regimiento de Ferrocarrileros de Puente Alto, Escuela de Infantería de San Bernardo, Recinto Militar de Cerro Chena, Base Aérea de Colina, Escuela de Paracaidistas de Colina, Estadio Nacional, Calle Londres número 38, Comisarías de Carabineros, Agustinas número 632, Unidades Policiales de Melipilla y Talagante, Escuela Politécnica de Menores de San Bernardo, Escuela de Especialidades de la FACH.

3. Lugares de reclusión comúnmente empleados para este efecto en el país: cárceles, penitenciarías, Casa Correccional de Mujeres.

4. Otros lugares de reclusión en provincias (a título de ejemplo): Cuartel de Investigaciones de Antofagasta; Base Aérea de Cerro Moreno, Antofagasta; Escuela de Instrucción de Carabineros, Antofagasta. Estos tres lugares señalados para Antofagasta son lugares en que con mucha frecuencia se practican torturas.

Base Naval Playa Ancha (Valparaíso), Buque Lebu (durante los primeros meses posteriores al 11 de septiembre), Academia de Guerra de la Marina (Valparaíso), Regimiento Tucapel de Temuco, Regimiento Los Ángeles, Cuartel de Investigaciones de Puerto Montt.

Instituciones recientemente creadas:

SENDET (Secretaría Ejecutiva Nacional de Detenidos), creada el 31 de diciembre de 1973. Motivos oficiales:

a) La variedad de problemas originados por personas que se encuentran privadas de su libertad en virtud de las atribuciones que confiere el estado de sitio imperante en el país; b) la conveniencia de que existiera un organismo que centralice y coordine todos los antecedentes necesarios para una adecuada solución a dichos problemas.

Funciones que cumple (según las normas legales que la establecen):

1. Coordinar con los diversos ministerios las materias que tengan relación con las personas que hayan sido privadas de su libertad; 2. Asesorar a los Ministerios de Defensa Nacional y de Interior en las mismas materias; 3. Coordinar la acción, control e información de los lugares de detención en todo el país; 4. Mantener al día las estadísticas de los detenidos, llevar un control de su situación jurídica y sanitaria; velar por su atención social y asistencial en general, atender las situaciones que, por su naturaleza, no estuvieran encargadas a alguna autoridad determinada o que, por su magnitud, no pudieran ser solucionadas por aquéllas por sí solas.

Ubicación de SENDET: edificio del Congreso Nacional.

También fue creado el DINA (Departamento de Inteligencia Nacional).

La Secretaría Ejecutiva Nacional de Detenidos consta de cuatro departamentos, uno de los cuales es el Departamento de Inteligencia. Este departamento tiene por objeto (según versión oficial) fijar las normas por las cuales se realizarán los interrogatorios o reinterrogatorios de los detenidos, determinar el grado de peligrosidad de los mismos, mantener una coordinación permanente con los servicios de inteligencia de las Fuerzas Armadas.

Las mujeres de Santiago

Refiere el anexo sobre la "Situación de las mujeres en Santiago", en especial la Casa Correccional de Mujeres, de acuerdo con informes válidos hasta los primeros días de abril:

En Casa Correccional de Mujeres existen a la fecha entre ochenta y noventa presas políticas en libre plática, ubicadas en el "patio de las políticas" (separado del de las reas comunes) y alrededor de cuatro o cinco incomunicadas.

En la Correccional, el trato que se les da hoy es normal: dos comidas diarias, visitas semanales, cuidado preferente de una congregación de monjas que habitualmente trabaja allí, etc. Las incomunicadas se encuentran en celdas especiales.

No obstante lo anterior, por lo menos la mitad de las mujeres allí recluidas han tenido que soportar sesiones de interrogatorios con torturas, principalmente en Tejas Verdes y Londres 38 (las de mayor antigüedad en el Estadio Nacional, Ministerio de Defensa, etc.). Cabe señalar que en el campo de torturas de Tejas Verdes existe una sección especial para el interrogatorio de las mujeres.

Entre las torturas más frecuentes a que se les ha sometido están el amedrentamiento con los hijos, golpes, aplicación de electricidad, interrogatorios desnudas y diversas formas de abuso sexual. Existen dos mujeres con embarazos derivados de las violaciones y algunas otras a la espera de los exámenes médicos que les permitan dilucidar posibles embarazos.

Para la atención de la salud de las recluidas están los médicos de la Correccional, que las visitan cuando es necesario. Se ha intentado con las autoridades la obtención de un permiso para que estas mujeres puedan salir a consultas particulares o ser atendidas por los médicos contactados por el Comité en varios hospitales. Tal petición fue rechazada y las mujeres deben recurrir obligatoriamente a un determinado hospital.

En general, los principales problemas de salud que aquejan a estas mujeres se relacionan con problemas síquicos. Varias mujeres que salieron en libertad de la Correccional tuvieron que seguir un tratamiento siquiátrico, presentando una de ellas —su nombre se reserva— trastorno absoluto evidente, probablemente irreversible.

También tienen problemas de embarazo anterior a la detención. Cinco de las mujeres de la Correccional presentan embarazos como resultado de las torturas sufridas.

Otro datos:

Por lo menos siete mujeres recluidas en la Correccional tienen a sus maridos arrestados, procesados o condenados (en Chacabuco y en la cárcel pública), debiendo los hijos vivir con los vecinos o con parientes.

Seis son las mujeres de la Correccional que ya están condenadas: una, de Arica, a veintiséis años; una de Talca a veinte años; y de las otras, una a quince años, otra a diez, otra a seis y una a tres. Por otra parte, aproximadamente doce de ellas se encuentran desde septiembre sin que se les abra proceso sumario ni se les designe fiscal.

Las mujeres recluidas en la Correccional comienzan a vivir un nuevo problema derivado de su traslado a diferentes lugares. La causa del traslado se debería, según informaciones recogidas por los familiares en el SENDET, a que en la Correccional habría muy poca disciplina. El 5 de abril, doce mujeres fueron trasladadas al Estadio Chile (al menos, se dijo oficialmente que allí serían llevadas), entre las cuales iban tres menores de dicciséis años.

La historia que empezó el día 11

Concentrado sobre el examen de las tendencias de las acciones del gobierno militar en el plano de los Derechos Humanos, el anexo acerca del "Desarrollo de las acciones del gobierno militar en contra de los disidentes políticos" cuenta la historia que empezó el 11 de septiembre de 1973.

Abarca cuatro etapas, la primera de las cuales va del golpe militar al 31 de octubre del año pasado.

Este periodo comprende la toma de gobierno por la Junta y se extiende hasta las primeras formas de organización más sistemática del tratamiento de los prisioneros políticos, de los aparatos de inteligencia y de la Justicia Militar en Tiempo de Guerra.

La acción represiva descansa, principalmente, en las tropas de las fuerzas armadas, que tienden a lograr y luego afirmar lo que se denomina "victoria militar".

Gran número de personas son muertas, algunas con ocasión o luego de acciones de resistencia; otras son ejecutadas sin juicio previo. Miles de personas buscan asilo en embajadas. Se producen arrestos masivos. Se llama por bandos a presentarse a personas de cierta relevancia política o de gobierno. Se practican vastas operaciones de allanamientos en barrios, poblaciones, fábricas, fundos, edificios públicos. Se dan a conocer numerosos casos de aplicación de la "ley de la fuga".

Características generales de esta etapa:

Represión rápida y masiva dirigida contra personas con las calidades que se señalaron más arriba y tendiente a desbaratar toda organización política o de base social adversaria; muchas personas fueron muertas (no es posible dar una cifra seria, siquiera aproximada); detenciones desordenadas a cuenta de una posterior clarificación de los casos y extremo hacinamiento de detenidos; torturas como procedimiento que habitualmente acompaña a los interrogatorios; absoluta falta de acceso a defensa legal; información de los Servicios de Inteligencia no suficientemente procesada y un trabajo autónomo de cada Servicio de Inteligencia; acción incipiente de la Justicia Militar en Tiempos de Guerra.

Más muertos, más torturas

Segunda etapa, de noviembre a fines de diciembre:

Son puestos en libertad muchos miles de personas. Hacia mediados de diciembre se estimaba, sobre la base de proyección de datos oficiales obtenidos en diversos puntos del país, conformados por muestras recogidas directamente, y de informaciones extraoficiales, que el número de personas privadas de libertad ascendía aproximadamente a diecinueve mil en todo el país.

Se organiza y desarrolla el apartado de Justicia Militar de Tiempos de Guerra y se dan a instrucciones generales a fiscales y auditores; empiezan las audiencias de los Consejos de Guerra de modo más regular, aun cuando siempre a un ritmo muy lento: del total de personas privadas de libertad solamente un veinte por ciento, aproximadamente, es sometido a proceso y un número muy pequeño de los procesos iniciados llega a su término durante esta etapa.

Los abogados encuentran insuperables dificultades para llevar a cabo defensas adecuadas: el acceso al defendido es casi imposible; la preparación de las defensas debe limitarse a un plazo de cuarenta y ocho horas o menos; en la práctica no pueden presentarse pruebas ni impugnarse las reunidas por el fiscal; no existe posibilidad real de cuestionar la competencia de los tribunales; en el hecho, se cierra la posibilidad de recurrir contra el fallo de los tribunales ordinarios superiores; no opera la libertad provisional: los dictámenes de los fiscales son casi constantemente la base de las sentencias y tanto unos como otros olvidan principios jurídicos básicos y las penas son, en promedio, extremadamente elevadas.

Puede advertirse con claridad que las Fiscalías Militares actúan sobre la base de las declaraciones y otros antecedentes que obtienen los Servicios de Inteligencia; las incomunicaciones de los arrestados y procesados se prolongan por semanas y meses; las detenciones y arrestos que se practican son hechos casi exclusivamente por indicación y muchas veces practicados directamente por personal de Servicios de Inteligencia, sin que medien órdenes de detención o decretos de arresto.

Muchos recursos de amparo se presentan. La tramitación de ellos es extremadamente lenta. No se obtienen fallos favorables; las condiciones generales de los privados de libertad, excepción hecha de algunos campos y otros contados lugares, son muy malas; las personas privadas de libertad son frecuentemente sacadas a lugares distintos de los de reclusión, donde se les interroga por Servicios de Inteligencia con constante y reiterado empleo de intensas torturas. Se advierte una cierta tendencia a la uniformidad respecto del tipo de torturas a lo largo del país.

Muchas personas son muertas, algunas con ocasión de las torturas. Se continúa dando a la publicidad casos de aplicación de la "ley de fuga"; se organiza y desarrolla la reubicación de refugiados extranjeros, bajo la acción de las iglesias y del Alto Comisionado de las Naciones Unidas (finalmente, cerca de cinco mil extranjeros serán reubicados); continúan muchas personas acogiéndose al asilo.

Características de esta etapa:

Represión más claramente dirigida; traslados y reubicación de detenidos y procesados; libertad de muchos que permanecían privados de libertad desde septiembre u octubre; mayor organización de la Justicia Militar de Tiempos de Guerra y comienzos de la actuación sistemática de ésta; control de interrogatorios y detenciones por parte del Servicio de Inteligencia; mayor sistematización y coordinación entre estos servicios; empleo constante de tortura; grandes dificultades para defensas legales; menor número de muertos.

Se prolonga el estado de sitio

La tercera etapa abarca del 1º de enero al 11 de marzo.

El 3 de enero de 1974 se dicta el Decreto Ley 288 por medio del cual se declaran ajustados a la ley los arrestos practicados desde el 11 de septiembre y se establece que en lo sucesivo sólo podrá arrestarse a las personas por Decreto del Ministro del Interior dictado en nombre de la Junta de Gobierno.

Son puestas en libertad más de trescientas personas recluidas en Chacabuco y otras mil personas a lo largo del país (hacia fines de esta etapa se estima, por informaciones de la Cruz Roja, que el número de personas privadas de libertad es cercano a diez mil).

Pese a lo dispuesto por el Decreto Ley 288, continúan los arrestos sin que ningún decreto lo ordene, salvo en contados casos. Los arrestos comienzan a ser practicados en la gran mayoría de los casos por personal de Servicios de Inteligencia que no se identifica, que viste de civil y viaja en vehículos sin placas.

Nuevamente son aprehendidas en gran número personas sin mayor relieve aparente, pero por períodos que fluctúan entre algunos días (con mayor frecuencia) y tres a seis semanas. Estas aprehensiones se caracterizan porque no se da cuenta a nadie ni existe modo de averiguar el paradero de dichas personas. Se hacen llegar a las iglesias centenares de denuncias sobre desaparecimientos. Muchos reaparecen luego de algunas semanas y dan cuenta de haber sido mantenidos durante ese período en campos de torturas, principalmente Tejas Verdes. Declaran asimismo que los interrogatorios no parecen haber tenido objetivos precisos plausibles.

La SENDET comunica oficialmente que antes de tres semanas no se da noticia sobre personas aprehendidas.

Se conoce, durante este período, de la rehabilitación de diversos lugares destinados a torturas; la Justicia Militar de Tiempos de Guerra trabaja con mayor organización, aunque todavía muy lentamente y repitiéndose en los dictámenes y fallos los errores de la etapa anterior; se levantan muchas incomunicaciones, pero otra cantidad importante de personas permanece privada de la libertad bajo incomunicación. El levantamiento de las incomunicaciones con frecuencia sólo permite la visita de familiares y no de otras personas, ni siquiera del abogado defensor.

Comienzan a concederse algunas libertades provisionales; dos recursos de amparo son acogidos por la Corte de Apelaciones de Santiago, pero no tienen como resultado la libertad de los afectados (en uno de los casos, por revocación ulterior del fallo por la Corte Suprema).

Algo más de veinte por ciento de los procesados han sido condenados al término de la etapa. El examen de las sentencias permite apreciar, dentro de una constante de grandes errores, una fuerte disparidad en el criterio de las fiscalías y consejos de guerra de las distintas zonas del país.

Culmina la labor del Comité de Refugiados; gran número de personas abandona el país, sobre todo cesantes o personas que han estado privadas de libertad; se espera al término de esta etapa, que coincide con el término de la duración máxima del estado de sitio, de acuerdo con la Constitución, un cambio en este sentido; sin embargo, el estado de sitio se declara prorrogado hasta el 11 septiembre de 1974.

Características de esta etapa:

Una progresiva coordinación de los Servicios de Inteligencia y control por parte de éstos de las acciones represivas; se advierten signos de creciente autonomía por parte del conjunto de estos servicios respecto a las autoridades de gobierno; los agentes represivos directos tienden a "institucionalizarse". Por parte del gobierno se dictan decretos leyes y se constituyen organismos que formalmente apuntan hacia una mayor regularización del tratamiento de los disidentes políticos.

Descanso en Tejas Verdes

La cuarta etapa va del 11 de marzo a la primera decena de abril. En ella, el número de personas privadas de libertad permanece estacionario y no ha habido, como en la etapa anterior, liberación de grupos de personas desde Chacabuco u otros campos de reclusión (hace unos días, las figuras principales del gobierno de Allende fueron trasladadas de la isla de Dawson a Santiago; ello no obstó para que se levantara su incomunicación).

Los fiscales han sido instruidos para acelerar los procesos que a primera vista darán base para sobreseimiento o condenas de menor importancia o que puedan darse por cumplidas; se preparan algunos procesos importantes, en particular contra oficiales y suboficiales de las Fuerzas Armadas (obran en poder de *Excélsior* algunos alegatos de los abogados defensores que dan cuenta, entre otros datos, de torturas).

Continúan las aprehensiones practicadas por personal de los Servicios de Inteligencia bajo las modalidades señaladas para la etapa anterior; nuevamente muchas personas buscan asilo; continúa la corriente de personas que abandona el país; continúan las torturas del modo que se ha señalado.

En la última semana no se tienen noticias sobre Tejas Verdes.

II. Crueldad contra los humildes, en Chile

Santiago de Chile, 16 de mayo de 1974

Presidente de la Cámara de Diputados en la época en que Salvador Allende fue presidente del Senado, el demócrata cristiano Héctor Valenzuela Valderrama puso en manos de *Excélsior* el legajo que contiene el recurso de amparo interpuesto ante la Corte de Chile a favor de ciento treinta y un desaparecidos, hombres y mujeres sin relieve, modestos, dueños de una vida que no iba más allá de su casa y su trabajo, algunos enfermos, indefensos todos.

En el documento, que firma también el licenciado Valenzuela como patrocinador y apoderado de Fernando Ariztia Ruiz, obispo auxiliar de la Arquidiócesis de Santiago; de Helmut Frenz, obispo luterano de Chile; de Angel Kreiman, gran rabino de Chile, y de Fernando Salas Cruchaga, de la Compañía de Jesús y secretario ejecutivo del Comité de Cooperación para la Paz, se asienta:

"Son muchos los hogares en los que faltan miembros desde hace largos meses sin que las familias, pese a sus agotadoras e innumerables diligencias, hayan conseguido información alguna sobre su paradero y su suerte. Tales hechos acarrean incertidumbre, angustia, dolor, desesperación y generan odios capaces de atentar contra esa misma paz que nuestra patria está tratando de conquistar".

Hace hincapié el documento en dos hechos:

1. Respecto de cada una de las personas desaparecidas se levantó una ficha que da cuenta de algunos de sus rasgos, amén de enumerar las gestiones emprendidas para obtener, si no su libertad, sí noticias de su paradero.

2. Los desaparecidos no lo fueron de manera ocasional o en forma misteriosa. Todos fueron aprehendidos por soldados o carabineros y en cada ocasión hubo testigos y testimonios fehacientes.

En su oficina de la calle Huérfanos, a cuatro cuadras de la Moneda, Valenzuela Valderrama extrajo papeles de una carpeta que le hizo recordar sus tiempos de líder de la Cámara de Diputados. De piel verde oscura y letras doradas que dan cuenta de la presidencia que ejercía apenas hace cuatro años, arrancaron al dirigente demócrata cristiano una sonrisa que era ausencia de sí y del tiempo, un comentario:

"Presidente de la Cámara... Presidente... Qué ironía... La Cámara y la justicia son, en estos días, ciencia ficción..."

"En nombre de los hermanos necesitados..."

Por su valor intrínseco publicamos completo el documento recibido por la Sección de lo Criminal de Santiago el 29 de marzo, según sello que ostenta en su parte superior. Dice el amparo:

"I. Con fecha 6 de octubre de 1973 se constituyó el Comité de Cooperación para la Paz en Chile, integrado por la Iglesia católica, las iglesias protestantes, la Iglesia ortodoxa y la Comunidad Israelita de Chile, y con representación en él, asimismo, del Consejo Mundial de Iglesias.

"El Comité persigue contribuir al establecimiento de una paz duradera entre los chilenos, fundada en la justicia. Dentro de esta orientación se ha abocado hasta la fecha a diversas áreas, entre las que señalamos las siguientes: asistencia jurídica a arrestados y procesados y a trabajadores despedidos; asistencia material a personas necesitadas; reubicación de trabajo en el extranjero para quienes razonablemente no tienen otra alternativa; atención de problemas estudiantiles; apoyo a proyectos de creación de empresas por parte de trabajadores.

"Esta acción del Comité se desarrolla en Santiago y en otras doce provincias del país. En la provincia de Santiago han recurrido al Comité, por problemas penales, varios miles de personas. El estudio del conjunto de problemas de que se ha tomado conocimiento, hizo reparar hace tiempo en una circunstancia que se presentaba de manera casi constante: la falta de noticias sobre el paradero de una persona arrestada, luego de su aprehensión. Esta falta de noticias es casi una constante general en lo que toca a los primeros días siguientes al arresto, y en numerosos casos se sigue manteniendo a su familia sin ninguna información sobre el paradero o la suerte del arrestado, hasta el día de hoy.

"El drama humano que por esta causa están viviendo tantas madres, esposas, hijos, parientes y amigos, ha movido al Comité a presentar a favor de personas arrestadas y no ubicadas hasta hoy —individualizadas más adelante— el presente Recurso de Amparo. Nos ha conmovido en nuestra condición de pastores el dolor y la angustia de tantas personas inocentes, pobres y humildes en su inmensa mayoría, desprovistas de todo relieve social, sin nombre conocido y sin influencias importantes, quienes después de haber golpeado innumerables puertas que no les abrieron y de haber implorado informaciones que no les dieron, se acercaron hasta nuestro Comité a pedirnos que les prestáramos ayuda con objeto de conseguir que les fuera reconocido su legítimo derecho a saber cuál es el paradero de sus seres queridos, a conocer cuál es la situación y la suerte de ellos, a fin de poder asistirlos material y legalmente".

"Venimos a la casa de la justicia..."

"El caso de cada una de las personas por quienes recurrimos hoy al amparo, ha sido estrictamente estudiado y sometido a comprobación no sólo por los parientes o amigos de los recurridos, sino además por un cuerpo de abogados y asistentes sociales. Cada caso está contenido en una ficha en la que se dejó constancia de diversos antecedentes que dicen relación con el afectado.

"Considerará entonces la Ilustrísima Corte la finalidad que nos guía al recurrir a su autoridad, al requerir su concurso y activa participación en una acción de restablecimiento de la paz entre los chilenos. Para que tal campaña tenga éxito, debemos inspirarnos en la solidaridad, en el amor al prójimo, en el respeto al hombre, cualquiera que sea su convicción, por el simple hecho de ser imagen de Dios.

"Es en la sola virtud del predicamento expuesto y en atención a nuestra condición de pastores que recurrimos hoy a la Ilustrísima Corte con el objeto de salvaguardar la integridad física y moral de tantas personas que hoy se encuentran privadas de libertad y recluidas en sitios que se mantienen secretos para sus parientes y amigos, e inaccesibles, por ende, a una justa y adecuada defensa jurídica. Así, son muchos los hogares en los que faltan miembros desde hace largos meses, sin que las familias, pese a sus agotadoras e innumerables diligencias, hayan conseguido información alguna sobre su paradero y su suerte.

"Tales hechos acarrean incertidumbre, angustia, dolor, desesperación, y generan odios capaces de atentar contra esa misma paz que nuestra patria está tratando de conquistar.

"Somos pastores y nuestro único norte actual –y de siempre– es conseguir una paz efectiva y duradera para nuestro pueblo. Somos totalmente ajenos a consignas o po-

siciones políticas. Sólo nos guía nuestro acendrado amor
por Chile y nuestro profundo respeto por el ser humano.
Para él venimos ahora a pedir justicia a la Casa de la Justicia, amparo para el indefenso, libertad para el que resulte inocente, sin perjuicio del castigo para el que resulte
culpable cuando así lo haya declarado un tribunal establecido por la ley.

"Comprendemos que la paz llegará en abundancia en la
medida en que todos hagamos nuestra parte en su reconstrucción, pero sobre todo, en la medida en que quienes
detentan el poder actúen con sabiduría, justicia y pruden-
cia, con fe en el hombre y con respeto leal por sus ideas.

"Queremos traer aquí el alto testimonio que sobre esta
materia dio Su santidad Paulo VI el 8 de diciembre de
1973, cuando participó en la celebración de la 'Jornada
de la Paz', conmemorativa del XXV aniversario de la Declaración Universal de los Derechos Humanos. Allí re-
calcó que no hay que confundir la paz con la debilidad
física y moral, con la renuncia al verdadero derecho y a la
justicia ecuánime, con la huida del riesgo y del sacrificio,
con la resignación pávida y acomplejada. 'La represión
no es la paz. La indolencia no es la paz. El mero arreglo
externo e impuesto por el miedo no es la paz', son sus palabras. Y agrega: 'La paz verdadera debe fundarse sobre
el sentido de la intangible dignidad de la persona humana, de donde brotan inolvidables derechos y correlati-
vos deberes'".

Amapola Lizzete, primera en la lista

"II. Sabemos que no es ésta la forma en que a diario se someten a ese ilustrísimo Tribunal tantas peticiones; hemos querido plantear nuestra solicitud de amparo expresándola en la forma que creemos que corresponde a nuestra calidad de pastores y a nuestra misión.

"Nuestra acción de ahora responde estrictamente al cumplimiento de un deber ineludible de asistencia al que sufre. Ellos tienen derecho, ante los hombres, a exigir un trato digno y humano. Ojalá que sus justas reclamaciones no sean desoídas aquí en la tierra y tengan que llevarlas entonces ante el superior tribunal de Dios.

"Es, pues, en el nombre de Dios y de los hermanos necesitados que recurrimos de amparo ante la Ilustrísima Corte, con el fin de que disponga lo que en derecho estime pertinente, a objeto de que las personas que a continuación señalamos recuperen su libertad, perdida desde la fecha que en cada caso se indica, o en subsidio se inicie en su contra el juicio correspondiente, en el cual la ley vigente garantiza el acceso a la defensa:

Nombre	Fecha de arresto
1. Amapola Lizzete Ruiz Lidid	17 de marzo, 1974
2. Rosa Amelia Bascuñán Morales	12 de marzo, 1974
3. Gustavo Adolfo Puz Acosta	11 de marzo, 1974
4. Jorge Antonio Catalán González	7 de marzo, 1974
5. Sergio Héctor Salinas Tamayo	7 de marzo, 1974
6. Sergio Rodolfo Barraza Díaz	5 de marzo, 1974

(Continúa y continúa la lista, que termina):

126. Luis Meza Andrade — 12 de septiembre, 1973

127. Óscar Reginaldo Lagos Díaz — 11 de septiembre, 1973

128. Claudio Raúl Jimeno Grandi — 11 de septiembre, 1973

129. Enrique Lelio Huerta Corvalán — 11 de septiembre, 1973

130. Jorge Max Klein Piper — 11 de septiembre, 1973

131. Domingo Bartolomé
Blanco Torres — 11 de septiembre, 1973

"Por tanto a la Ilustrísima Corte rogamos que se sirva tener por interpuesto el recurso de amparo que antecede en favor de las personas recién mencionadas, todas ellas arrestadas en las fechas que se indican.

"Sírvase, además, la Ilustrísima Corte, en virtud de lo dispuesto por los artículos 4, 12, 13, 14, 15, 16 y 72, número 17 de la Constitución Política del Estado; 251, 252, 269, 272, 290, 291 y 306 del Código de Procedimiento Penal; 128 y 180 del Código de Justicia Militar y disposiciones atingentes de la Declaración Universal de los Derechos Humanos, del Pacto Internacional sobre Derechos Civiles y Políticos y de la Convención Americana sobre Derechos Humanos, acoger el recurso en su integridad disponiendo la inmediata libertad de los afectados o, en subsidio, su inmediata presentación ante el tribunal competente".

"Sírvase la Ilustrísima Corte..."

"Rogamos a la Ilustrísima Corte se sirva remitir oficios indagatorios de la suerte corrida por las personas arrestadas, entre otras diligencias que estime convenientes, a las siguientes autoridades:

"Secretaría Ejecutiva Nacional de Detenidos, Ministerio del Interior, Jefatura de Zona en Estado de Sitio de la provincia de Santiago, Jefatura de Zona en Estado de Sitio del Departamento de San Antonio, Dirección General de Investigaciones e Instituto Médico Legal.

"Sírvase la Ilustrísima Corte disponer la designación de uno de los Ilustrísimos Señores Ministros para que conforme con lo dispuesto por el artículo 309 del Código de Procedimiento Penal se traslade, entre otros, a los siguientes lugares, actualmente destinados a la mantención de detenidos y arrestados, con el objeto de que personalmente investigue sobre la suerte corrida por los recurridos:

"Penitenciaría de Santiago, Cárcel Pública de Santiago, Casa Correccional de Mujeres, Estadio Chile, Escuela Militar, Regimiento Buin, Regimiento Tacna, Regimiento de Telecomunicaciones, Regimiento de Blindados, Academia Politécnica de Aviación, Base Aérea El Bosque, Academia de Guerra de la Fuerza Aérea de Chile, Base de Quinta Normal de la Armada Nacional, Ministerio de Defensa Nacional (Subterráneo), Comisarías de Carabineros de Santiago, Subterráneo de la Plaza de la Constitución, Calle Londres número 38, Calle Agustinas número 632,

Cuartel Central de Investigaciones, Cuarteles de Investigaciones de Nuñoa, Quinta Buin, Renca, Barracas, Paine y Puente Alto, Cárcel del Departamento de San Antonio, Unidades Policiales de Melipilla y Talagante, Regimiento de Tejas Verdes, Regimiento de Bucalemu (Santo Domingo), Regimiento de Ferrocarrileros de Puente Alto, Escuela de Infantería de San Bernardo, Recinto Militar de Cerrorracas, Paine y Puente Alto, Cárcel del Departamento de San [sic] Escuela de Paracaidistas de Colina.

"Sírvase la Ilustrísima Corte, de acuerdo con el artículo 311 del Código de Procedimiento Penal, disponer el traslado de los antecedentes al Ministerio Público a fin de que, configurada que sea la detención y prisión arbitrarias, deduzca querella en contra de los autores de tales abusos, con el fin de hacer efectiva la responsabilidad civil y criminal respectivas, conforme a lo señalado por el artículo 148 del Código Penal.

"Rogamos a la Ilustrísima Corte tener por acompañadas al presente recurso y considerarlas parte de él, las fichas que se adjuntan, correspondientes a cada uno de los arrestados y en las que se consignan sus datos personales, la fecha y lugar de su arresto, las circunstancias en que éste se produjo y la autoridad que lo ejecutó.

"En tales documentos, además, se establecen las diligencias que en procura de ubicar a las víctimas han realizado sus parientes o amigos, como asimismo el nombre, cédula de identidad y firma de la persona que efectuó tales trámites sin obtener resultados positivos de ningún orden.

"Hacemos presente a la Ilustrísima Corte que las fichas que acompañamos fueron confeccionadas en su totalidad por el Comité de Cooperación para la Paz en Chile".

El informe, las fichas

Ficha número 38. Informe sobre detenido no ubicado.

Nombre del detenido o arrestado: Lanata Zanoni, Juan Manuel; edad: 27 años; nacionalidad: chilena; estado civil: soltero; lugar de detención o arresto: Villa del Valle. Baños Morales. Cajón; fecha: 21 de febrero; quienes lo practicaron: militares.

Otras circunstancias de la detención o arresto:

Padre del afectado ha concurrido a Escuela Militar, Tejas Verdes, Estadio Chile. No ha tenido éxito en la ubicación. Al padre del afectado se le avisó verbalmente que avisara a su hijo que tenía plazo de 48 horas para que se presentara a declarar al comando de institutos militares. El padre del afectado cumplió con la citación para su hijo, y antes que ésta le llegara fue detenido. Con fecha primero de marzo de 1974 padre entrega ropa al afectado en Tejas Verdes. También 8 de marzo de 1974 se le recibió alimentos.

Ficha número 41.

Juan Ramón Salas Salas, casado. Número de cargas (hijos): 5. (Siguen los datos rituales). Indagaciones posteriores y noticias: su esposa ha ido a Estadio Chile, Secretaría Nacional de Detenidos, Ministerio de Defensa, Hospital

El Salvador, Hospital Militar, Posta número 4, Hospital de FACH (Fuerzas Aéreas Chilenas), Investigaciones, Penitenciaría, Escuela Militar El Bosque, sin resultado positivo. Esta persona se encontraba enferma y se iba a hospitalizar el día 14 de febrero de 1974.

Ficha 45. José Eduardo Fuentes Cisternas, casado, dos hijos.

Indagaciones posteriores y noticias:

Esposa ha concurrido a Comisaría 12, Comisaría de Sumarios, Investigaciones Parad. 20, Instituto Médico Legal, Estadio Chile, Ministerio de Defensa. No ha tenido éxito en la ubicación. Con fecha 20 de enero de 1974 su cuñado David León Farías fue encontrado en la morgue, muerto. El 16 de enero de 1974, León Farías fue detenido en su domicilio por personal de FACH.

Ficha 91. Segundo Armando Maureira Muñoz, soltero, detenido por Carabineros de Isla de Maipo.

Otras circunstancias de la detención o arresto:

Al ser sacado de su domicilio, inmediatamente comenzó a ser golpeado, concretamente por el carabinero Manuel Muñoz. Allí mismo también fueron castigados los menores Rafael y Jorge, de 14 y 17 años de edad, respectivamente, por los mismos.

Indagaciones posteriores y noticias:

Hermana del afectado ha concurrido a Tejas Verdes, Cárcel de San Antonio, Talagante, Santiago; Polvorín de Talagante, Regimiento de San Bernardo, Ministerio de Defensa, Penitenciaría, Estadio Chile, FISA e Instituto Médico Legal. No ha tenido éxito en la ubicación. Los Carabineros que practicaron la detención se encontraban en manifiesto estado de ebriedad.

Ficha 102. José Hugo Vidal Arenas, 24 años, casado, tres cargas.

Otras circunstancias de la detención o arresto:

Habían allanado anteriormente la casa sin encontrar nada. Luego volvieron el día 3 de octubre a las tres de la mañana, llevándose a tres personas de la familia y a otros campesinos. El militar que dirigía la operación informó que lo detenían para comprobar una firma. Iban pintados de negro.

Indagaciones posteriores y noticias: la cuñada comunica que se han hecho averiguaciones en Oficina Nacional de Detenidos, donde se dijo que estaban en la Escuela de Infantería de San Bernardo. En este lugar no se dio ninguna información. Posteriormente han ido al Ministerio de Defensa, Cruz Roja Internacional, Instituto Médico Legal, sin obtener resultados favorables.

El día de la detención se llevaron a 18 personas del mismo fundo.

Ficha 104. Héctor Santiago Pinto Caroca, una carga.

Lugar de detención o arresto: fundo "El Escorial" de Paine. Practicaron el arresto: militares.

Habían allanado anteriormente la casa sin encontrar nada, luego volvieron el día 3 de octubre a las tres de la mañana y se llevaron a otros campesinos. Iban pintados de negro.

Ficha 108. José Alfredo Vidal Molina, cuatro cargas. Lugar de detención o arresto: su domicilio; población Nueva Matucana.

Otras circunstancias de la detención o arresto: en esa misma ocasión fueron detenidas un total de 17 personas en el mismo lugar.

Indagaciones posteriores y noticias: esposa señala que ha concurrido a Investigaciones, Cárcel Pública, Ministerio de Defensa, Cárcel de San Bernardo, Cárcel de Valparaíso, Penitenciaría, Estadio Chile, Instituto Médico Legal, Comité Nacional de Detenidos. No ha tenido éxito en la ubicación.

Otros datos: hogar en estas circunstancias depende de su padre. Hermano del informante aduce que ocho de los diecisiete detenidos fueron encontrados muertos en río Mapocho.

Ficha 124. Pedro Oswaldo Budrovich López. Lugar de detención o arresto: en la calle, cerca de su domicilio, en Villa Frei 4769-C, torre 2, depto. 103. Quiénes practicaron el arresto o detención: no se sabe. Pero al día siguiente su hermano lo vio por avenida Santa María con Bellavista en un bus militar.

Indagaciones posteriores y noticias:

Se fue a la Escuela Militar, se contrató abogado particular, se hicieron nuevas averiguaciones en Investigaciones, Estadio Nacional, Cruz Roja, Secretaría Nacional de Detenidos, Instituto Médico Legal, Ministerio de Defensa, sin que se encontrara en ninguna de estas partes.

Otros datos:

Es drogadicto, estaba en tratamiento médico. Tenía esquizofrenia.

En la Secretaría de lo Criminal

El recurso de amparo se ventila en la Secretaría de lo Criminal de la Corte de Apelaciones de Santiago, en la calle de Bandera 342. El número del expediente es 289-74.

Preguntamos al licenciado Valenzuela Valderrama:

—¿Cuáles son los resultados hasta ahora?

—Han aparecido veinticuatro. Cuatro de ellos, muertos.

Preguntamos al licenciado José Zalaquet, quien trabaja muy cerca del jesuita Fernando Salas:

—¿Qué esperanzas alientan con respecto de las ciento siete personas de cuya suerte no se tienen noticias aún?

—A cincuenta, los primeramente detenidos en septiembre y buena parte de octubre, los damos por perdidos. Ojalá me equivoque. Pero buscamos, seguimos buscando.

"Errar es humano..."

Pero no hay manera de relatar todo cuanto ha ocurrido. Existe un documento que consigna la historia y epílogo de Jécar Nehgme Cornejo, de 32 años, con tres hijos de 13, 11 y 9 años, educador sanitario en el hospital regional de Temuco e integrante del equipo zonal. Estos son los hechos:

Fue detenido el 26 de octubre de 1973 a la 1:10 de la mañana (sin allanamiento) por militares del Regimiento Tucapel de Temuco, que informaron a la esposa que se le detenía para interrogarle y lo volverían a su hogar como a las tres de la madrugada.

El 26 de octubre su esposa se presentó al Regimiento a preguntar por su marido, donde después de varios intentos le respondieron que estaba bien y que volviera a las tres de la tarde para ver si lo ponían en libertad. Desde allí se dirigió a la Zonal para ver si sus compañeros de trabajo podían hacer algo por él, en donde notó una actitud muy triste de parte del personal. Un funcionario comentó el bando transmitido a las siete de la mañana, que más tarde fue publicado y dice:

"Bando número 12 de la Comandancia de Guarnición de Temuco:

"1. Se comunica a la ciudadanía que por orden de la Fiscalía Militar fueron arrestados el 25 (22:30 horas) de octubre de 1973 los ciudadanos Jécar Nehgme Cornejo y Gastón Elgueta, comprobados terroristas.

"Durante el traslado del lugar de detención al Cuartel del Regimiento de Infantería de Montaña número 8 'Tucapel', trataron de agredir a la patrulla y apoderarse del arma del centinela, por lo que fueron dados de baja.

"Los antecedentes del caso fueron puestos a disposición de la Fiscalía Militar de Cautín.

"Pablo Iturriaga Marchess, Coronel Comandante Guarnición Militar Temuco".

Los familiares se dirigieron al Instituto Médico Legal, reconociendo el cadáver acribillado. Luego solicitaron una entrevista al fiscal militar de Temuco para saber qué cargos había contra Jécar Nehgme. El fiscal no tenía antecedentes. Al finalizar la entrevista les dijo:

"Errar es humano, perdonar es divino".

III. Omnipotencia militar, la ley válida

Santiago de Chile, 17 de mayo de 1974

Siete militares en fila, el general Soler en medio, presiden los consejos de guerra contra oficiales y personal administrativo de las Fuerzas Aéreas de Chile. A su derecha, en nivel inferior, ante una mesa pequeña, trabajan el fiscal y un auxiliar. Frente a esta mesa, en el extremo opuesto, ocupan su sitio el abogado defensor y el acusado.

El escenario es de extrema sencillez y propicia una atmósfera casi religiosa. Las voces del fiscal o del abogado defensor, en su turno, difícilmente audibles para el escaso público y los contados periodistas que asisten al juicio, tienen el ritmo de la letanía. Fue el recinto una antigua capilla de monjas inglesas y el salón es parte de un inmenso espacio que perteneció a las religiosas hasta mediados del gobierno de Salvador Allende, que compró el inmueble para las Fuerza Aéreas. Hay estanques de agua clara, pasto bien cultivado para jugar al críquet, árboles muy altos, de sombra densa. Un ambiente bucólico. Paz, tranquilidad. El amor sería lo único que aquí faltara. Hacia lo alto, en la punta de un cerro, destaca un edificio blanco de bello trazo. Es convento de dominicos.

Los miembros del consejo de guerra están ungidos con todos los poderes. No son abogados, salvo un asesor, pero su fallo es inapelable, esté o no basado en leyes o argumentos jurídicos. La condición de los jueces está muy por encima de ese tipo de alegato, pues fallan en conciencia. Además, el fiscal, que es general, es el de mayor antigüedad entre los presentes, que asisten al juicio, naturalmente, vestidos de uniforme. Todos lucen las galas y los botones dorados de los ejércitos del mundo entero. El abogado defensor, de civil, parece disminuido. El acusado, también de civil, callado, espectador de su propia suerte, parece más disminuido aún.

A fines de abril, el abogado Héctor Basualto Bustamante, defensor del prisionero de guerra Francisco Maldonado Ballesteros, abordó de lleno ante este Consejo el tema político. Quiso argumentar que no se podía procesar y mucho menos condenar a un hombre que había defendido a un régimen constitucional, como fue, a su juicio, el del presidente Allende. El jurado deliberó frente a la andanada que se incubaba y emitió un fallo rápido: Basualto había anulado su propia condición de abogado defensor al mezclar la política con el derecho y quedaba fuera del proceso. Se nombraría otro defensor para Maldonado Ballesteros. Y Basualto podría sufrir las consecuencias por desacato ante el tribunal militar.

La conciencia y la verdad de los hechos

Excélsior conoció el alegato completo, leído sólo en sus primeras páginas ante el consejo de guerra y unas cuantas personas. Contiene una réplica contra el fallo en conciencia de militares iletrados, habla de torturas sufridas por Maldonado Ballesteros y expone cuán peligroso y contradictorio resultaría condenar a un militar que se sitúa al lado del presidente de la República cuando sobre éste se lanzan cargos discutibles y opiniones valorativas, mas no sentencias indubitables o cargos evidentes y de una fuerza tal que el soldado deba dar la espalda al jefe por excelencia del ejército.

Acerca de estos puntos quiso alegar Basualto. Su testimonio, que no pudo llegar a la conciencia de los juzgadores en conciencia, es el siguiente:

"No obstante que de acuerdo con el artículo 194 del Código de Justicia Militar se establece que el Tribunal podrá apreciar en conciencia los elementos probatorios acumulados 'a fin de llegar a establecer la verdad de los hechos', conforme al principio de la verdad real invoco la vigencia del artículo 456 del Código de Procedimiento Penal, que señala: 'Nadie puede ser condenado por delito sino cuando el Tribunal que lo juzgue haya adquirido, por los medios de prueba legal, la convicción de que realmente se ha cometido un hecho punible y que en él ha correspondido al reo una participación culpable y penada por la ley'".

Sigue el alegato silencioso, sin consejo de guerra ni defenso:

"No es culpa directa del H. Consejo el que, a través de los medios de publicidad, se pretenda crear, sin ninguna ecuanimidad, en forma unilateral, el escenario sicológico para justificar y exacerbar ánimos de venganza. Esto no puede llegar al seno de los abogados, porque la libertad no puede ser esgrimida contra la libertad y es obligación de todos estar vigilantes para que ningún individuo, ni ningún grupo, use sus libertades y derechos fundamentales para destruir las libertades y derechos del hombre".

Análisis de la detención

En la página 26, Basualto hace el "análisis de la detención e indagatorio" de Maldonado Ballesteros. Dejó escrito:

"El lunes 22 de octubre del año recién pasado, alrededor de las 8:30 horas, fue sacado de la formación de la mañana conjuntamente con otros compañeros. Fueron citados al Departamento de Operaciones e informados que debían concurrir a declarar. Luego fueron conducidos en una furgoneta a un lugar desconocido. Previamente (Maldonado) había sido maniatado y encapuchado.

"Una vez llegado a ese lugar desconocido se le condujo por pasillos y escaleras, siendo registrado, quedando de pie, hasta que perdió la noción del tiempo. Luego fue llevado a una pieza, donde se le maniató de pies y manos a una mesa o cama, ya que no podía ver, lugar donde se le propinaron golpes en el estómago y se le aplicó electricidad en los genitales, en la frente, detrás de la oreja y en la lengua. Debido a esto no recuerda absolutamente nada de lo que declaró, no sabe cuánto tiempo pasó en la situación antes descrita, hasta que alguien lo desató llevándolo a otra sala: luego, alguien le pasó una hoja, la que no pudo leer, obligándose a firmarla. Cree, mi defendido, que luego se quedó dormido.

"El día 23 de octubre se le comunicó que quedaba en libertad, siendo conducido hasta la Escuela de Aviación. Esa noche, en su hogar, no pudo ni siquiera dormir, aquejado de fuertes dolores estomacales. Su cónyuge e hijos, menos el menor de todos, fueron testigos de su estado y compartieron tan inmenso sufrimiento. Al día siguiente se presentó el jefe de la unidad, quien le otorgó descanso por el resto de la semana. El lunes 29 concurrió como de costumbre a su trabajo, abocándose de lleno a la preparación de la entrega del cargo, hasta el lunes 5 de noviembre en que nuevamente fue detenido".

Libertad y disciplina, conceptos en juego

Acerca de las implicaciones últimas de los conceptos de lealtad y disciplina, obediencia y libertad, legitimidad y poder, Basualto plantea problemas que tienen como punto final esta advertencia:

"¿Qué seguridades de lealtad puede tener el actual gobierno, sus fuerzas armadas, con relación a sus actuales y firmes sostenes, si se piensa en un hipotético cambio de poder en el futuro?"

Antes, paso a paso, había incursionado en estos razonamientos, desconocidos públicamente en Chile, ignorados por el consejo de guerra, que depuso a un abogado defensor y lo acusó de desacato.

"Cuando existe un llamamiento a la fuerza –dejó escrito Basualto– termina la dinámica legalidad-ilegalidad, porque bajo el ropaje de ideas aparentemente jurídicas, como seguridad, estado de derecho, orden público, libertad y juridicidad, existe, en última instancia, un interés de dominación por razones sociales. ¿Qué cosa más opuesta y contradictoria con la seguridad nacional, el estado de derecho, el orden público, la libertad y la juridicidad, que la quiebra o el derrocamiento de un gobierno o el desencadenamiento de una guerra civil?

"Si lo que se pretendió era el fortalecimiento, en suma, de la institucionalidad, ¿por qué romper la institucionalidad para después instaurarla, como parecen ser los deseos de la H. Junta de Gobierno? Si lo que se alegaba era la falta de libertades públicas, ¿por qué abrogarlas ahora, casi definitivamente?

"En este punto hemos llegado a visualizar que el problema de Chile en los tres últimos años no fue una cuestión de legalidad o ilegalidad, ni menos, de derecho positivo, como tampoco puede serlo para fundamentar la acusación de su señoría el fiscal. ¿Cuál es el patrón de conducta para juzgar a los militares del FACH, el poder o la legitimidad de principios universalmente aceptados? Si la rigurosidad del poder se emplea para condenar a estos hombres que, de alguna manera, defendieron al gobierno anterior,

¿qué seguridades de lealtad puede tener el gobierno actual, sus fuerzas armadas, con relación a sus actuales y firmes sostenes, si se piensa en un hipotético cambio de poder en el futuro?

"Estoy cierto que el poder no puede ser la ética del actual gobierno, ni menos del H. Consejo de Guerra por la sagrada función de juzgar. El ejercicio del poder indiscriminado conlleva instancias de represión y terror; aun cuando lo que se persiga sea el orden y la justicia, lo que se obtiene es el caos, la desilusión, el engaño, la falta de libertad y la injusticia. El terror, como ejercicio de la dictadura militar, transforma a ésta en la dictadura de las armas, no siendo líneas conscientes y preclaras las que en últimas instancias controlen la función del Estado, sus designios y la institucionalización de sus políticas, pues será la 'subalternidad' la que desate los vientos de la ira, de la delegación, de la venganza primitiva".

Juicios públicos; sentencias secretas

Un grupo de abogados encabezados por Luis Ortiz, Eugenio Velasco, Jaime Castillo, Juan Agustín Figueroa y Juan Pablo Vidales elevó en días pasados un escrito a las más altas autoridades del gobierno, a los Tribunales de Justicia y al Colegio de Orden para exponer violaciones a principios fundamentales de la justicia en Chile.

"El presente escrito —dicen— lleva la firma de abogados que han tomado parte en casos de que conoce la justicia o que, por razones de su dedicación profesional o universitaria, están familiarizados con la legislación criminal y con situaciones relativas a los derechos humanos".

Exponen:

"El artículo 196 del Código de Justicia Militar establece en su inciso segundo, que el Tribunal (Consejo de Guerra) funcionará públicamente, salvo para sus resoluciones o cuando así se determine en casos calificados. Entendemos que estos casos son aquellos que implican hechos en que está en peligro la seguridad exterior del país. Si, por el contrario, se trata de antecedentes que afectan de manera directa a la opinión pública y a la experiencia que el país debe sacar de ciertos sucesos históricos, parece lógico que los procesos sean públicos. Sin embargo, en la actualidad ellos se ventilan en secreto sin que las informaciones oficiales, aun en casos de pena capital, indiquen los fundamentos de la sentencia, ni las personas de los condenados, ni la fecha del juicio; no siendo tampoco posible conocer adecuadamente estos datos.

"Es, pues, de evidente utilidad:

"a) Que los Consejos de Guerra cumplan con el carácter público de sus audiencias y den a conocer las razones por las cuales ordenan proceder en secreto en ciertos casos excepcionales; b) que los fallos se pongan a disposición de la prensa en su texto completo; c) que las audiencias de los Consejos de Guerra figuren en tablas con a lo menos quince días de anticipación del señalado para la visita de la causa, con pleno acceso de los abogados defensores al conocimiento del expediente.

"2. Actualmente hay todavía numerosas personas detenidas o trasladadas con base en las facultades que otorga el estado de sitio. Las detenciones se prolongan ya por un tiempo considerable, sin que se aclare la situación judicial de los detenidos o trasladados.

"Formalmente, ellos están bajo las facultades del estado de sitio; pero, al mismo tiempo, se anuncia que serán procesados. Sin embargo, aún no interviene la justicia. Esto crea una situación de evidente inseguridad jurídica opuesta a elementales principios humanitarios. El gobierno no puede mantener presuntos responsables de delitos en una situación indefinida, sin plazo y sin autoridad judicial que conozca los antecedentes. Hacerlo así es preparar las condiciones para un proceso que carecería de imparcialidad ya que las circunstancias del confinamiento en lejanos territorios, la incomunicación, el desgaste moral y físico de los detenidos llevan poco a poco a una completa extenuación. De ese modo, el procedimiento judicial que se instaure en el futuro puede fácilmente convertir a los acusados en individuos sin capacidad para defenderse. Esto significaría violar derechos humanos fundamentales".

La Declaración Universal, citada a toda hora

Sigue el escrito:

"La Declaración Universal de los Derechos dice en su artículo 3: 'Todo individuo tiene derecho a la vida, a la libertad y a la seguridad de su persona'. El artículo 5 añade: 'Nadie será sometido a torturas ni a penas o tratos crueles, inhumanos o degradantes'. El artículo 6 señala: 'Todo ser humano tiene derecho, en todas partes, al reconocimiento de su personalidad jurídica'. El artículo 8 agrega todavía: 'Toda persona tiene derecho a un recurso efectivo, ante los tribunales nacionales competentes, que lo ampare contra actos que violen sus derechos fundamentales reconocidos por la Constitución y la ley'. El artículo 10: 'Toda persona tiene derecho, en condiciones de plena igualdad, a ser oída públicamente y con justicia por un tribunal independiente e imparcial, para la determinación de sus derechos y obligaciones o para el examen de cualquiera acusación contra ella en materia penal'. Por último el artículo 11 dice: 'Toda persona acusada de delito tiene derecho a que se presuma su inocencia, mientras no se pruebe su culpabilidad conforme a la ley y en juicio público en el que se le haya asegurado todas las garantías necesarias para su defensa'.

"En suma, corresponde definir las situaciones de los confinados en diversos lugares del país:

"a) En todos los casos en que el gobierno presuma responsabilidades delictuales, los detenidos deben ser puestos de inmediato a disposición del tribunal competente; b) en caso de que se trate de ciudadanos que el gobierno desea mantener detenidos o trasladados, por razones de índole política, ellos no pueden ser sometidos a regímenes carcelarios; c) para todos ellos el régimen de confinamiento, de detención o de traslado debe desarrollarse sin peligro para su salud mental o física y con las naturales comunicaciones de orden familiar que todo ser humano merece; d) por la misma razón anterior, es preciso establecer lugares de detención o traslado para individuos políticamente peligrosos que reúnan condiciones físicas, administrativas y jurídicas humanas y aceptables, efectuando, por lo tanto, el abandono de lugares excesivamente inhóspitos que pudieran existir para esa finalidad".

Violan los derechos de la defensa

Prosiguen los abogados:

"3. Hoy por hoy, los defensores designados por los detenidos o por las familias de éstos se hallan en la imposibilidad de tener contacto adecuado con sus clientes. No se ha dado facilidad para dicha comunicación, a pesar de que existe un acuerdo al respecto del Ministerio del Interior y de Justicia, por una parte, y, por la otra, del Colegio de Abogados. El hecho se convierte en una amenaza contra los derechos humanos debido a que la situación se prolonga de modo indefinido, habiendo transcurrido el tiempo suficiente para que los tribunales formulen la acusación respectiva, allí donde hay materia de delito.

"Esta incomunicación representa prácticamente impedir el ejercicio de los derechos de la defensa. El honor profesional de los abogados los obliga a insistir muy firmemente en el sentido de que su labor no puede estar sometida a limitaciones. Desde ese punto de vista, es abiertamente violatorio de los derechos humanos y de la legislación vigente el oficio número 6286 del 29 de noviembre de 1973, del señor director general de Prisiones, el cual, dirigiéndose a los señores alcaldes, instruye que los procesados por fiscalías serán atendidos por abogados sólo previa autorización escrita del fiscal competente.

"No hay duda de que un hecho semejante tiene una inmensa repercusión nacional e internacional. Los abogados no pueden abdicar ni de sus derechos como defensores ni de sus deberes hacia la persona y los intereses de sus defendidos. Esos deberes exigen que se pida, en cualquier situación, el cumplimiento del artículo 8 ya citado de la Declaración de Derechos Humanos, el cual garantiza un recurso efectivo que ampare al ciudadano contra actos violatorios de sus derechos fundamentales".

La amenaza del poder político arbitrario

En esta enumeración de problemas substanciales, columpio entre la vida y la muerte, la libertad y el confinamiento, hay un punto que consagran los abogados a uno de los temas que más angustian en Chile: el hecho de que los tribunales de guerra juzguen casos anteriores al 11 de septiembre de 1973 como si estuvieran implicados en circunstancias propias y bien definidas del estado de guerra que hoy, proclama la Junta Militar, existe en Chile.

Dicen los juristas:

"4. Es obvio que los delitos militares cometidos después del 11 de septiembre deben ser juzgados por los tribunales de tiempos de guerra, con los procedimientos y las penas señaladas en el capítulo pertinente del Código de Justicia Militar. El decreto ley número 13 dejó, por lo demás, establecido que los tribunales de tiempos de paz, es decir, anteriores al 11 de septiembre, seguirán conociendo de las causas que estaban pendientes hasta ese día.

"Este decreto consigna, pues, una diferencia entre lo ocurrido antes y después de la misma fecha. Sin embargo, no aclara en forma definitiva lo que sucederá con los delitos supuestamente cometidos en el tiempo de paz, pero cuyo juzgamiento tiene que ser iniciado dentro de la vigencia del estado de guerra. El artículo único de ese decreto ley señala que los tribunales militares de tiempo de guerra tendrán el conocimiento de los procesos de la jurisdicción militar iniciados con posterioridad a la declaración de estado de sitio o de asamblea y al nombramiento de General en Jefe. Esto significa que la fecha de iniciación del proceso determinaría tanto el tribunal, como el procedimiento y la sanción.

"No es ésta, sin embargo, la regla establecida en los principios penales, recogidos en la Declaración Universal, como asimismo en la Constitución de nuestro país y en el Código Penal. La doctrina afirma que la determinación del tribunal de la sanción y también de los aspectos fundamentales de procedimiento depende del momento de comisión del delito. En el caso actual regía, al momento de cometerse los hechos supuestamente delictuosos anteriores al estado de guerra (11 de septiembre), el Código de Justicia Militar de tiempos de paz, la Ley de Seguridad Interior del Estado y la de Control de Armas, cuerpos de leyes que establecían la competencia del tribunal, el procedimiento y las penas.

"Creemos, en consecuencia, que esta legislación es la única aplicable a tales casos. Se deduce de aquí la necesidad de resolver la cuestión dejada pendiente por el decreto ley número 13 al hablar, de manera vaga, acerca del momento de iniciación de las causas respectivas, como base para juzgar todas las circunstancias de los procesos.

"No hay duda de que la referencia a ese momento aparece como demasiado subjetiva, por cuanto depende, en tal caso, de la voluntad del gobierno fijar la fecha de iniciación del proceso. Además, no es imposible que, de acuerdo con esa interpretación, un poder político arbitrario prepare un enjuiciamiento drástico contra sus adversarios, imputándoles delitos cometidos en cualquier tiempo anterior, pero cuyo procesamiento dicho gobierno instaura solamente después de disponer a su favor de una declaración de estado de sitio.

"En suma:

"a) Que los delitos no militares, o sea, no sancionados en el Código de Justicia Militar o en alguna ley que se refiera a esta, sólo podrán ser conocidos y juzgados de acuerdo con el Código de Procedimiento Penal y la Ley de Seguridad de Interior del Estado; b) que los delitos militares cometidos con anterioridad al 11 de septiembre deben ser conocidos y juzgados de conformidad al Código de Justicia Militar de tiempos de paz; c) que la interpretación formulada en el decreto ley número 13 rige, por tanto, sólo para los casos de procesos o delitos cometidos después del día 11".

Opiniones jurídicas censuradas

Los abogados protestan también por la existencia de "procesos bajo régimen de censura". Exponen:

"La censura respecto de opiniones jurídicas limita obviamente la expedición de la defensa. Ella, en efecto, no podría llevar sus argumentaciones a un conocimiento adecuado por parte del público. Los informes periodísticos tendrían que limitarse a señalar sólo datos elementales. El debate sobre los fundamentos de los fallos no sería posible. La crítica a una presuntamente errónea interpretación de la ley aparecería como fuera de lugar.

"Comprendemos que, en Chile, la actual limitación a las libertades de información y de expresión tienen como objeto impedir provisionalmente un desborde pasional, incompatible con el propósito de pacificar al país. Sin embargo, de ser mantenida dicha limitación, durante el período de los procesos políticos más importantes, daría lugar a que se pensara que las sentencias fueron dictadas dentro de un ambiente de parcialidad jurídica.

"Tal situación reproduciría lo sucedido en otros países, donde la severidad del régimen político introduce un factor de desconfianza y falta de prestigio de los fallos recaídos en procesos en que tiene interés el gobierno como acusador.

"En suma, solicitamos la adopción de medidas para evitar la censura a la libertad de información y de expresión, en materia concerniente a los procesos judiciales originados con motivos políticos de actualidad".

Termina el documento con una petición más: suspensión del estado de guerra, sin por eso afectar el estado de sitio mismo, dado que "hoy por hoy la situación del país es mucho menos aguda: no hay acción militar contra bandas armadas o resistencia de cualquier tipo".

No es posible que se juzguen causas de orden puramente político, "cuyo conocimiento es imposible sin reunir una gran masa de antecedentes, bajo la suposición de que los Consejos de Guerra tienen facultad para dictaminar a puertas cerradas sobre la vida, la libertad, el honor de los acusados en el dolor y en la zozobra definitiva de cientos de familias a las que se hunde en ella".

Almeyda, "prisionero de guerra", denuncia su absoluta vulnerabilidad

Santiago de Chile, 18 de mayo de 1974

Sin una sonrisa en los labios, él, que era expansivo; con diez o quince kilos menos de peso, él, que era obeso; prudente y estricto, él, que terminaba las clases en la Universidad entre los aplausos de sus alumnos, Clodomiro Almeyda, canciller y una vez vicepresidente del gobierno de Salvador Allende, declaró a *Excélsior*: "Me encuentro en absoluta vulnerabilidad. Se puede hacer conmigo lo que se quiera".

En su primera entrevista desde el golpe militar del 11 de septiembre, prisionero de guerra confinado en la isla Dawson, prisionero de guerra enviado a los campos de la Fuerza Aérea, prisionero de guerra en la Academia Tacna de Artillería, donde actualmente se encuentra, siempre con una ametralladora a sus espaldas y el ojo vigilante de un soldado cuando camina y toma el sol en el vasto espacio del cuartel, Almeyda dijo:

"Estoy en la condición de prisionero de guerra y esa condición no es la más apta para hacer declaraciones. Creo que me limita, de hecho, la libertad para hacerlas".

Con un chal café sobre los hombros, prenda absolutamente varonil en Chile; pantalones holgados, y un suéter de lana gris con un cierre que empieza en el cuello y termina debajo de la cintura, el ex ministro de Relaciones Exteriores dijo también:

"Me encuentro bien de salud, no he sido torturado, aunque he recibido apremios morales".

—¿Permaneció usted durante más o menos quince días con los ojos vendados, día y noche?

"Sí, permanecí en esa inhumana condición durante más de quince días".

En un gesto insólito, el comandante de la Guarnición de la Plaza de Santiago, general Sergio Arellano, autorizó la entrevista con Almeyda y dispuso que fuera a solas. El hecho es doblemente plausible, pues el ex canciller recibe la visita de su madre, esposa, sus hijos, algunos amigos íntimos, como el líder socialista Aniceto Rodríguez, siempre con un testigo a escasos metros, el oído en el halo de la conversación. El periodista fue presentado al general Arellano por el ministro de Economía, Fernando Lena, único civil, de pies a cabeza, en la Junta Militar.

En el pasillo que encamina a la oficina del comandante del Tacna, coronel Julio Fernández, años atrás observador de la ONU en la "tierra de nadie" que se disputan India y Paquistán, el ejército chileno canta su propia apoteosis al 11 de septiembre. Cuelgan en el punto más visible, bien enmarcadas, las cuartetas escritas por el capitán Luis Saiz, a las que puso música el brigadier Jorge Gregoire:

Sangre joven, viril, artillera,
vive siempre altiva en la paz,
y si un día nos llama la guerra
asombremos al mundo la faz.

Centinelas con el arma al brazo,
de la patria cuidemos la suerte,
y llegado el momento, muchachos,
moriremos sonriendo a la muerte.

Al tocar el clarín a rebato,
entonemos, viril, la canción,
es la patria que llama, soldados,
artilleros al pie del cañón.

Arrastrando los briosos corceles,
entre nubes de polvo y fragor,
vamos todos en pos de laureles.
defendiendo, de Chile, el honor.

Himno del Regimiento Armado Número 1, Tacna
Santiago, 11 de septiembre de 1973

"No entiendo, como hombre de derecho"

Sentado a veces, casi todo el tiempo en movimiento, el ex canciller iba y venía por el salón ad hoc de la Academia. Oscuro, alumbrado con los focos amarillos de varias lámparas de pie, cubiertas las paredes con lustroso papel tapiz con dibujos de ramas, el pequeño cuarto tenía impregnada en sí la tristeza, subrayada, quizá, por los tres cuadros que lo adornan. Uno dedicado a la expedición libertadora al Perú, en 1820; otro, al regimiento número uno, de Chile; el tercero al mar agitado y a un punto, acaso un barco o un ave, en la línea del horizonte.

Sin huella de cansancio, pero con los movimientos lentos del hombre atrapado en la rutina, Almeyda preguntó antes que nada por sus amigos y ex colegas, el de México, Emilio Rabasa; por Calvani, de Venezuela, y por los ministros de Colombia y Perú, "todos muy queridos". Por un momento pareció que derivaría la conversación a la simple charla. De pronto, la mirada en los ojos del periodista, aguardó. Su silencio aquietó la propia respiración.

—Finalmente conseguí el acceso a usted, don Clodomiro. ¿Cómo se encuentra y qué opina de la situación del país, si algo sabe en su encierro de casi ocho meses?

Empezó a caminar. Tardó, tardó en pronunciar las primeras palabras:

"Estoy en la condición de prisionero de guerra y esa condición no es la más apta para hacer declaraciones. Creo que me limita, de hecho, la libertad para hacerlas. No puedo ni debo hacerlas, máxime cuando no he sido procesado ni sé si lo voy a ser ni sé cuándo lo voy a ser, ni tampoco he tenido la posibilidad de tener acceso a mi abogado. Me encuentro en una situación, tanto jurídica como de hecho, de lo más vulnerable. Si a eso añade que en caso de ser procesado lo sería por un Consejo de Guerra compuesto por personal no letrado y que falla en única instancia y que aprecia la prueba en conciencia, entenderá que este conjunto de circunstancias agrava aún más mi situación".

Meditaba, los ojos en la alfombra, el paso mecánico.

"No entiendo, como hombre de derecho, cómo a actividades de tiempos de paz les pueda ser aplicada retroactivamente la ley procesal de tiempos de guerra".

Esperó una pregunta. No la hubo. Retomó el hilo de su pensamiento:

"Todo este conjunto de circunstancias explica mi reticencia en esta entrevista".

A disposición del Consejo de Guerra

—¿Qué ha ocurrido con usted desde el 11 de septiembre?

"Después de haberme presentado a las autoridades militares la tarde del 11 de septiembre, en virtud de un bando (yo me encontré en La Moneda durante su bombardeo), estuve con otros compañeros detenido durante tres días en la Escuela Militar y de allí fuimos trasladados a la isla Dawson, al sur del Estrecho de Magallanes. Al llegar nos impusimos del status jurídico de prisioneros de guerra en que nos había colocado la Junta de Gobierno, estatus en que me encuentro hasta ahora. Esto se debe a la ficción de considerarnos para los efectos del Código de Justicia Militar como 'enemigos de Chile' a todos los militantes de los partidos de Unidad Popular, que desde luego fueron inmediatamente disueltos.

"De esta curiosa teoría que justifica nuestra situación tuve cabal conocimiento sólo recientemente por una declaración de la Secretaría del Consejo de Guerra Aéreo al iniciar el Juicio contra sesenta y tantas personas, teoría que me parece concebida a través de un 'resquicio legal' que, a mi juicio, es incompatible con el contexto general de ese Código y con la intención del legislador expresada en la historia fidedigna de su establecimiento.

La declaración del Consejo de Guerra Aéreo a la que se refiere Almeyda está comprendida en el apartado *b* del dictamen de la Fiscalía de Aviación en dicho consejo y dice literalmente:

"La calidad jurídica de 'enemigos' que para estos efectos tienen el MIR, el Partido Comunista, el Partido Socialista y el MAPU, y en general todos los partidos y movimientos políticos que formaban parte de la denominada Unidad Popular, como asimismo de cada uno de sus militantes, nace de lo dispuesto por el artículo 419, inciso segundo del Código de Justicia Militar, en cuanto dispone 'y se entiende por enemigo para estos efectos, no solamente el extranjero, sino cualquiera clase de fuerzas rebeldes o sediciosas organizadas militarmente'".

De pie, sin caminar, puntualizó el canciller:

"Resulta así, conforme con esta 'curiosa' interpretación jurídica basada en un 'resquicio legal', que para la ley militar yo, en cuanto socialista, soy 'enemigo de Chile' y en situación de guerra incluso cuando fui canciller del país. Esto se debe al carácter retroactivo que por decreto se dio al 'procedimiento militar de tiempo de guerra', o sea, el periodo anterior al pronunciamiento del 11 de septiembre".

La impotencia fundida en la pasión, la pasión impotente, le hace reiterar:

"Con semejante criterio antijurídico se puede hacer conmigo lo que se quiera. De allí que insista en la absoluta vulnerabilidad en que me encuentro, privado incluso de la asistencia de mi abogado".

Los famosos "apremios morales"

Vuelve al relato cronológico:

"Permanecí hasta el primero de noviembre en la isla Dawson, desde donde fui trasladado a otro lugar (a la Academia de Guerra Aérea) a disposición del Consejo de Guerra que allí funciona, donde formulé declaraciones acerca de las preguntas más o menos vagas que se me hicieron. A principios de abril se me trasladó de nuevo al Regimiento Tacna, donde ahora me encuentro".

—¿Cuál es su estado físico?

"Me encuentro bien de salud, no he sido torturado, aunque he recibido apremios morales. Pero, desde luego, no aquí, donde se me ha tratado con consideración y respeto. Quiero dejar constancia de la buena voluntad del coronel Otaiza, de la Fuerza Aérea, y del coronel Fernández, comandante de este regimiento, como de su oficialidad, por la forma, repito, humanitaria con que se me ha tratado. Se me ha permitido, no obstante el estricto régimen a que está sujeto el prisionero de guerra, mantener frecuente contacto con mi familia —mujer, madre, hijos y hermano—, lo que me ha proporcionado un apoyo moral de inapreciable valor para quien se encuentra desde hace tanto tiempo en tan anómala e indefinida e incierta situación".

—Se ha dicho que durante su permanencia en la Academia de Guerra Aérea usted permaneció durante más o menos quince días con los ojos vendados día y noche, y que no tuvo sino al final de su permanencia allí la oportunidad de recibir la visita de sus familiares. ¿Es efectivo ese rumor?

"Sí, es absolutamente efectivo. Permanecí en esa inhumana condición durante más de quince días. Pasé allí momentos muy amargos y duros, circunstancias que al final se modificaron favorablemente. Tanto a la delegación del Colegio de Abogados como al enviado de la Junta de Gobierno que fueron a verificar mi situación y que me vieron cuando ya había cesado el periodo en que me encontraba con la vista vendada y sin acceso, incluso, a la lectura, y otras circunstancias negativas, les hice presente mi situación anterior. Pero desgraciadamente omitieron en sus declaraciones públicas esas observaciones sobre el estado inicial en que me encontraba y sólo se refirieron a la situación en que ellos me vieron, que era radicalmente distinta a la inicial y mucho mejor".

–¿Puede darme alguna otra opinión sobre su situación en ese periodo y, en general, sobre la situación de los prisioneros que usted haya podido observar?

"Le reitero mi extraordinaria vulnerabilidad que al comienzo de la entrevista le hice presente. Por tanto, sólo quisiera hacer mía la parte pertinente de la reciente declaración del Episcopado Nacional que, a mi juicio, refleja de manera objetiva, levantada, imparcial y patriótica la situación al respecto".

Sin darse un respiro, dijo de memoria:

"... Nos preocupa, finalmente, en algunos casos, la falta de resguardos jurídicos eficaces para la seguridad personal, que se traducen en detenciones arbitrarias o excesivamente prolongadas en que ni los afectados ni sus familiares saben los cargos concretos que las motivan; en interrogatorios con apremios físicos o morales; en limitación de las posibilidades de defensa jurídica; en sentencias desiguales por las mismas causas en distintos lugares; en restricciones para el uso normal del derecho de apelación".

"Comprendemos que circunstancias particulares pueden justificar la suspensión transitoria del ejercicio de algunos derechos civiles. Pero hay derechos que tocan la dignidad misma de la persona humana y ellos son absolutos e inviolables".

"Le reitero: no debo hablar"

–La Junta Militar afirma que su intervención el 11 de septiembre se justifica por la desastrosa situación económica, política, moral y social del país. ¿Qué opina al respecto?

"Le reafirmo que mi condición de prisionero de guerra y la vulnerabilidad en que me encuentro, ya que incluso durante siete meses no he podido hablar con mi abogado, don Alfredo Etcheverri, profesor de Derecho Penal y ex vicerrector de la Universidad Católica, me impide referirme a temas políticos que, por lo demás, no son asuntos debatibles en el país. Pero creo no vulnerar esa situación si le puedo decir que, en lo que a mí respecta, como ex canciller de Chile, no sólo tengo la conciencia tranquila por la forma en que me desempeñé, sino que estoy orgulloso por la orientación nacionalista de la política que imprimí al Ministerio de Relaciones Exteriores. Esto se debió al carácter latinoamericanista que la inspiró, a la promoción de integración con los países andinos que la inspiró, al empeño de solidaridad con los países del tercer mundo que la caracterizó y al esfuerzo por desarrollar y extender nuestras relaciones diplomáticas, culturales, políticas y económicas con todos los países, sin discriminación, dentro del clima de pluralismo ideológico que felizmente hoy se va imponiendo en el mundo, así como también al aporte chileno en que me empeñé para transformar el sistema interamericano de manera más acorde con los intereses y el destino histórico de América Latina.

"En esta materia creo haber interpretado no sólo el interés histórico de Chile, sino haber encontrado el valioso apoyo, sincero y constructivo, de numerosos sectores, apoyo en algunos casos y comprensión en otros, de importantes sectores de la oposición de entonces, que me complazco en agradecer y destacar".

−¿Algún juicio sobre la forma en que el presidente Allende condujo al país?

"Aunque parezca majadera insistencia, le reitero que no debo ni puedo hablar sobre temas políticos de esa naturaleza. Pero sí quiero dejar constancia de mi gratitud por la forma en que él confió en la orientación que contribuía a imprimir a nuestras relaciones, orientación a la que ya he hecho referencia".

A 20,000 ESTUDIANTES LES CORTARON LA CARRERA

Santiago de Chile, 19 de mayo de 1974

Cerca de veinticinco por ciento del personal docente de las universidades del país se encuentra actualmente marginado de su cátedra y más de diez por ciento del personal no académico pasa por igual problema. Suman alrededor de 20,000 los estudiantes que por ahora han visto cortada su carrera.

El adoctrinamiento político y la inobservancia de deberes morales han sido, en buen número de casos, razones para cancelar o suspender las matrículas de los estudiantes.

Firmado por el vicerrector de la Universidad de Chile, con sede en Chillán, Gabriel Figueroa Saavedra, el siguiente comunicado a los alumnos habla por sí mismo:

Aplican sanciones que indica.

Chillán, 19 de noviembre de 1973.

Teniendo presente:

Las instrucciones y facultades que me confiere el decreto número 8731 de octubre del año en curso, del señor Rector-Delegado de la Universidad de Chile y, vistos los antecedentes que indican que los alumnos que abajo se señalan observaron en forma pública y notoria conducta reñida con las normas de buena convivencia universitaria; actitudes de adoctrinamiento político o inobservancia de deberes morales, lo que motivó notificaciones de cargos; las averiguaciones y diligencias practicadas tanto por esta Vicerrectoría como por el señor fiscal designado para esta sede, y finalmente los descargos presentados, resuelvo:

Cancélese la matrícula a los alumnos que se señalan.

Entre cancelaciones y suspensiones la lista comprendía 289 universitarios.

El 3 de diciembre de 1973, el propio vicerrector hacía pública una lista de 59 jóvenes que podían volver a la universidad, pero, hacía notar:

"Rematriculación condicional".

De 2,150 profesores, 791 eliminados

En la Universidad de Chile, sede Oriente, para ejemplificar el cuadro de lo que ocurre en los centros de enseñanza superior, estos son los datos descarnados de la situación actual:

De 2,150 profesores que había en la Universidad antes del golpe militar del 11 de septiembre, 791 han sido dados de baja de una u otra forma.

Hay facultades desmembradas, como la de Ciencias Sociales, que contaba con 392 profesores. He aquí la suerte de muchos de ellos:

Profesores despedidos, 104; profesores suspendidos, 113; profesores fuera de Chile, 38. Esto es, 255 eliminados.

Plantel por plantel, ésta es la situación de la Universidad de Chile sede Oriente:

Facultad de Bellas Artes:

Tenía una matrícula total de 986 alumnos, un total de 185 profesores, un total de 45 no académicos. Profesores expulsados, 16; profesores suspendidos, 36; profesores con caducación de contrato, 28; profesores fuera de Chile, 18. No académicos despedidos, 12.

Facultad de Educación:

Tenía una matrícula total de 3,562 alumnos, un total de 375 profesores, un total de 90 no académicos. Profesores expulsados, 40; profesores suspendidos, 24; profesores con caducación de contrato, 43; profesores fuera de Chile, 13; no académicos despedidos, 11; no académicos suspendidos, 4.

Facultad de Filosofía y Letras:

Tenía una matrícula total de 2,489 alumnos, un total de 346 profesores, un total de 65 no académicos. Profesores despedidos, 57; profesores suspendidos, 68; profesores fuera de Chile, 35; no académicos despedidos, 10; no académicos suspendidos, 4.

Facultad de Ciencias Sociales:

Tenía un total de 2,224 alumnos, un total de 392 profesores, un total de 84 no académicos. Profesores despedidos, 104; profesores suspendidos, 113; profesores fuera de Chile, 38; no académicos despedidos, 13; no académicos suspendidos, 9.

Facultad de Medicina:

Tenía un total de 1,369 alumnos, un total de 360 profesores, y un total de 80 no académicos. Profesores despedidos, 43; profesores suspendidos, 2; profesores trasladados, 17; profesores fuera de Chile, 8; no académicos despedidos, 5.

Facultad de Ciencias:

Tenía un total de 600 alumnos, un total de 162 profesores y un total de 40 no académicos. Profesores suspendidos, 35; profesores fuera de Chile, 15; no académicos despedidos, 5.

Facultad de Ciencias Naturales y Matemáticas:

Tenía un total de 2,503 alumnos, 240 profesores y 50 no académicos. Profesores expulsados, 59; profesores suspendidos, 52; profesores fuera de Chile, 12; no académicos despedidos, 6.

Departamento de Antropología:

Tenía un total de 160 alumnos, un total de 30 profesores y un total de cinco no académicos. Profesores eliminados, 4.

Departamento de Geografía y Cartografía:

Tenía un total de 220 alumnos, un total de 54 académicos y un total de 12 no académicos. Profesores despedidos,

19; profesores suspendidos, 23; profesores fuera de Chile, 9; no académicos suspendidos, 1.

Servicios Centralizados:

Tenía un total de seis profesores y un total de 65 no académicos. Todos los profesores fueron despedidos y 16 no académicos corrieron igual suerte; siete no académicos fueron suspendidos.

Biblioteca General:

Tenía un total de 80 no académicos. Fueron despedidos ocho.

Hay, por otra parte, listas de profesores y estudiantes desaparecidos, universidad por universidad. La de Chile, sede Santiago, tiene esta lista de desaparecidos y muertos:

Patricia Munita Castillo (aparece muerta), Frank Gómez (de Economía, desaparecido), Enrique Ruppert (Economía, desaparecido), Walter Cahoyer (Economía, desaparecido), Pablo Aranda Schmit (Medicina, desaparecido), Jorge Salas (Pedagógico, aparece muerto), Dernio Álvarez Olivares (Sicología, aparece muerto), Juan Henry (Economía, desaparecido), Ricardo Goyenechea Corvalán (Economía, desaparecido), Hugo Cavada U. (Economía, desaparecido), Renato Meneau Carrasco (Economía, desaparecido), Alberto Muñoz Andrade (Economía, desaparecido), Rolando Acuña Anfossi (Economía, desaparecido), María Isabel Beltrán Sánchez (Música, desaparecida), Mariela Albrecht Schwarze (Música, desaparecida).

Los estudiantes detenidos de la Universidad de Chile, sede Santiago, son estos 48:

Patricio Corvalán Herrera (Economía), Luis Reveco (Medicina), Sergio Altamirano Cordero (Medicina Veterinaria), Milton Lee Guerrero (Teatro), Pedro Tapia (Economía), Jorge Villalón Donoso (Historia y Geografía), Alfredo Peña Ulloa (Derecho), Omar Calixto Espinosa (Medicina), Verónica Schotzge (Historia y Geografía), Raúl L. Riulova Maluenda (Medicina Veterinaria), Luis Alarcón Véliz (Pedagogía en Educación Básica), Daniel Antonio Arellano (Arquitectura), Manuel F. García Velázquez (Derecho), Rolando Canielo Díaz (Medicina Veterinaria), Luis H. Reyes Morales (Bellas Artes), Pedro Guillermo Atías M. (Sociología), Mohamed Celi Cuck Berger (Medicina), Julio Vega P. (Ingeniería Civil-Transportes), Rolando Contreras L. (Ciencias Físicas y Matemáticas), Javier Bertini (Facultad de Ciencias), Pedro César Espinosa C. (Educación Física), José Gerbón Muñoz (Ingeniería), Pedro Tapia Horta (Economía), José A. Gómez Urrutia (Economía), Gastón L. Marne Orrego (Economía), Óscar R. Mendoza (Ingeniería), y siguen en la lista:

Juan Carlos Reyes Delgado, Guillermo Rodríguez M., Bernardino Soto Weiser, Manuel Alfaro Fuentes, Alejandro Acevedo Parraguez, Héctor Fuentes Araos, José Balaguer Jara, Alicia Veas Orrego, Fernando Cádiz Zamora, Manuel Houston Dickman, Eduardo Jaitzin, Renato Arias Rozas, Manuel García Velázquez, Manuel Cáceres Rojas, Rosa Díaz Pavinau, Óscar Jofre Ibarra, Óscar Nieto de los Ríos, Margarita Durán Guajardo, Pedro Osvaldo Budnovich, Carlos Íñiguez Fernández, Ricardo Labarca O.

IV
LA TIRANÍA

VI

PINOCHET PROTESTA COMO SOLDADO QUE HAY GARANTÍAS EN CHILE

Santiago de Chile, 18 mayo de 1974

No hay presos políticos en el país y la afirmación de que en Chile se suceden los interrogatorios con apremios físicos es "antojadiza e inexacta", declaró a *Excélsior* el presidente de la Junta de Gobierno, general Augusto Pinochet.

Dijo también que el principio de legalidad, base del derecho penal, es plenamente respetado; dio en prenda su palabra de soldado para asegurar que "la situación actual es de general garantía para detenidos y procesados", y remató el tema con estas palabras:

"Somos un gobierno de autoridad, por lo cual, nadie que resulte judicialmente culpable de delitos quedará impune, pero somos también un gobierno de hombres de Derecho, por lo cual no aceptamos la idea de sancionar a un inocente".

Después de un fracasado intento de entrevista directa en la cual se pedía partir de las respuestas para formular nuevas y pertinentes preguntas, el jefe de la Junta Militar casi arrebató el cuestionario escrito a su interlocutor, lo entregó a un ayudante y ordenó que sacaran de él copias fotostáticas. Tres días después entregó sus respuestas.

En el anverso de la copia fotostática con las preguntas que le fueron formuladas, de su puño y letra escribió rubricados con su firma los tres puntos que estima debe considerar el periodista.

"1. Para su publicación, lo honorable es publicar la respuesta íntegra.

"2. Las respuestas están saltadas. La 13, 18 y 19 se responden al final.

"3. La pregunta debe ser publicada íntegramente y no trunca".

Ya en el documento, introduce esta explicación:

"Inicialmente sostuve una conversación con el señor periodista, durante la cual respondí en forma breve e improvisada las preguntas que él me planteara. No obstante, y como la reunión se alargara más allá de lo previsto, unido a la circunstancia de que el señor periodista tenía preparado un cuestionario extenso y fundamentado, creí preferible dar respuesta escrita e integral a éste. De este modo las respuestas que siguen abarcan y complementan las que le diera verbalmente a la vez que abordan aquellas preguntas que no fue posible contestar durante la reunión antes mencionada".

Acción destructora de la Unidad Popular

1. Ésta fue la primera pregunta: En el Primer Bando de la Junta Militar se expresa que las fuerzas armadas han asumido el deber moral de "destituir al gobierno de Allende", porque este gobierno "ha incurrido en grave ilegitimidad" y "ha quebrantado los derechos fundamentales de libertad de expresión, libertad de enseñanza, derecho de huelga..." "y derecho en general a una digna y segura subsistencia". Señor presidente de la Junta Militar: las fuerzas armadas, en cumplimiento de su deber de garantes de la Constitución y el estado de derecho derrocaron al gobierno de Allende por "ilegal". ¿Cómo explica usted que esta acción restauradora de la legalidad no haya sido ejecutada por los medios que la Constitución vigente establecía y que las fuerzas armadas habían jurado defender? ¿Cómo, con qué fundamentos jurídicos o de orden público es posible justificar el combatir la ilegalidad mediante otra ilegalidad? ¿Cómo es posible alzarse militarmente contra la "falta de libertad de expresión" y simultáneamente imponer censura a la prensa, cerrar diarios, emisoras de radio y televisión y quemar libros?

"Esta primera pregunta va a la médula del problema chileno, por lo cual su respuesta completa requiere cierta extensión. Ella servirá de base, además, para abreviar la contestación a otras varias preguntas. Entre veintidós interrogantes sobre los problemas más variados, y cuya redacción tiene más bien el tono de una acusación que el de una entrevista, el señor periodista no pide ninguna fundamentación del cargo de ilegitimidad e ilegalidad que formulamos al gobierno de Allende, y que sirvió de base para legitimar su derrocamiento. Debo entender, por tanto, que ése es un aspecto acerca del cual nuestra opinión resulta tan indiscutible, que el señor periodista ha estimado innecesario abundar sobre el particular. Me abstengo pues de dar las sólidas e irrefutables razones que demuestran la realidad antedicha.

"Sin embargo, para responder la pregunta en cuestión, debo referirme al carácter que alcanzó la acción destructora del gobierno marxista de la Unidad Popular en el plano de la institucionalidad. Ello disipará la objeción que fluye del planteamiento del señor periodista, quien piensa que la Junta de Gobierno de Chile estaría quebrantando también la legalidad y los principios democráticos, lo cual —de ser efectivo— restaría autoridad moral a nuestra acusación al régimen de Allende en igual sentido".

Alcanzar la "totalidad del poder"

Sigue Pinochet: "Durante casi tres años, el gobierno marxista de la Unidad Popular quebrantó reiterada y sistemáticamente la Constitución y las leyes. El fundamento último de dicha conducta, debe encontrarse en el carácter minoritario de dicho gobierno, que nunca alcanzó el favor mayoritario del pueblo. En efecto, Allende fue elegido con treinta y seis por ciento de la votación popular y en las últimas elecciones generales de parlamentarios, que se verificaron en marzo de 1973 y que revistieron un verdadero carácter plebiscitario, la Unidad Popular logró sólo cuarenta y tres por ciento del electorado, siendo abrumadoramente derrotado por la oposición, que bordeó el cincuenta y seis por ciento de la votación. Estas últimas cifras deben apreciarse como las oficiales, pero antecedentes comprobados posteriormente por un documentado estudio de un grupo de profesores de la Universidad Católica, encabezado por el decano de la facultad de Derecho, comprobó la existencia de un masivo fraude realizado por el gobierno marxista en las inscripciones electorales, de no mediar el cual su porcentaje no habría llegado a cuarenta por ciento de la votación.

"En tal circunstancia el gobierno de Allende no tenía ninguna posibilidad de llevar a cabo integralmente su programa (que implicaba implantar en Chile el socialismo marxista) dentro de la ley, y la razón es muy sencilla: la institucionalidad chilena no era socialista marxista, y para convertirla en tal dicho gobierno habría requerido de la dictación de nuevas normas constitucionales y legales, para lo cual le resultaba indispensable el apoyo mayoritario del pueblo o del Parlamento, que nunca tuvo. Por eso decidió intentar la consumación de sus propósitos al margen del sistema institucional vigente, manteniendo hábilmente su apariencia, pero erosionándola gradualmente en su esencia.

"La línea gruesa de su estrategia se orientó a alcanzar desde el Poder Ejecutivo la totalidad del poder, para lo cual intentó la destrucción y la anulación de los demás

Poderes del Estado. Primero se desataron desde el gobierno campañas de injurias y desprestigio del Congreso Nacional, del Poder Judicial y de la Contraloría General de la República en términos desconocidos en nuestra patria. Luego se intentó desconocerlos en la práctica, obrando por la vía administrativa en materias que requerían ley, para lo cual se erigió en tesis oficial el derecho de aprovechar los 'resquicios legales', es decir, de aplicar las leyes con supuesta sujeción a su texto, aunque con confesada violación a su sentido y espíritu, todo lo cual transformaba al Parlamento en un órgano casi meramente decorativo".

"Destrucción de la institucionalidad"

Prosigue el general Pinochet: "A los Tribunales de Justicia se les negó su imperio, al no conceder en innumerables oportunidades la fuerza pública necesaria para cumplir sus resoluciones, pese a que la ley obligaba al gobierno a hacerlo, sin calificar los fundamentos de la sentencia en cuestión; de este modo, se vulneraba la independencia del Poder Judicial, en términos que la Corte Suprema debió representar al señor Allende, por oficio de 12 de junio de 1973, al 'perentorio o inminente quiebre de la juridicidad' en Chile. La Contraloría General de la República fue burlada a través del abuso del 'decreto de insistencia', instrumento jurídico ideado para casos excepcionales, y que el gobierno marxista transformó en hábito de conducta.

"Finalmente, y como etapa final de la destrucción de la institucionalidad chilena, se inició la creación de poderes paralelos e ilegítimos que, bajo el nombre de 'poder popular' actuaban de hecho por la vía de la presión, preparando su definitiva usurpación de los poderes legítimamente constituidos, a los cuales la Unidad Popular descalificaba como 'burgueses', no obstante representar la verdadera institucionalidad chilena y el sentir de la mayoría nacional.

"Toda la estrategia antes reseñada, fue desarrollada mientras se introducían ilegalmente armas al país en cantidad suficiente para armar a veinte mil hombres, para lo cual se adiestraban extremistas en escuelas de guerrilla, una de las cuales funcionaba en los últimos meses nada menos que en la mansión de reposo del señor Allende, en El Cañaveral. Para el *putsch* final, que incluía la eliminación física de los altos mandos de las fuerzas armadas, se contaba con el concurso, además, de trece mil extranjeros ingresados ilegalmente al país, cifra cuya magnitud en un país de diez millones de habitantes debe medirse en lo que ello significa.

"Lo anterior condujo al país a una situación objetiva de guerra civil, cuyo estallido material en toda su gravedad era sólo cuestión de tiempo, y cada vez más inminente. Entre tanto, la economía nacional sufría una destrucción total, con la inflación más alta del mundo y de la historia chilena (trescientos veintitrés por ciento en doce meses), y cuyos efectos en materia de presión inflacionaria acumulada, nos repercuten hasta hoy aún en mayor medida.

Al mismo tiempo, la producción bajaba alarmantemente en todos los rubros, en términos absolutos, esto es, sin siquiera considerar las exigencias derivadas del crecimiento vegetativo".

Fueron demolidos "elementos esenciales"

"En tal situación –continúa el escrito–, la Cámara de Diputados de Chile, el 22 de agosto de 1973, adoptó un histórico acuerdo en que textualmente señaló al país: 'Es un hecho que el actual gobierno de la República, desde sus inicios, se ha ido empeñando en conquistar el poder total, con el evidente propósito de someter a todas las personas al más estricto control económico y político por parte del Estado y lograr de ese modo la instauración de un sistema totalitario, absolutamente opuesto al sistema democrático representativo que la Constitución establece. Para lograr este fin, el gobierno no ha incurrido en violaciones aisladas de la Constitución y la ley, sino que ha hecho de ellas un sistema permanente de conducta, llegando a los extremos de desconocer y atropellar sistemáticamente las atribuciones de los demás Poderes del Estado, de violar habitualmente las garantías que la Constitución asegura a todos los habitantes de la República y de permitir y amparar la creación de poderes paralelos ilegítimos que constituyen un gravísimo peligro para la nación: con todo lo cual ha destruido elementos esenciales de la institucionalidad y del estado de derecho'.

"El párrafo antes transcrito y cuyo texto debe ser meditado atentamente en su gravísimo significado, era pues la opinión que, pocos días antes del pronunciamiento militar del 11 de septiembre pasado, tenía el cuerpo fiscalizador del Congreso Nacional, elegido por el pueblo y reflejo fiel por ende de la opinión popular chilena.

"La extensa relación anterior era necesaria para que el lector mexicano comprenda por qué no hay ninguna contradicción en haber invocado la legalidad y el carácter antidemocrático del gobierno de Allende para deponerlo y no haber restaurado de inmediato la institucionalidad quebrantada. Pretender eso significaría razonar sobre la base de que la Unidad Popular sólo violó la institucionalidad democrática vigente, pero que ésta permanecía intacta y por consiguiente susceptible de ser restaurada idéntica y rápidamente. Pero la realidad era otra: el marxismo destruyó la institucionalidad democrática chilena al demoler elementos esenciales de ella, según lo denuncia el acuerdo de la Cámara de Diputados recién transcrito. El 11 de septiembre no había democracia ni institucionalidad en Chile. Sólo cabía discutir por qué se la iba a reemplazar: si por la dictadura marxista, llamada con eufemismo 'popular', o por un gobierno militar que pueda rehacer la institucionalidad chilena".

"Purificación de una nación"

"Obviamente, al haber prevalecido la segunda alternativa, no se trata simplemente de restituir los mecanismos constitucionales que Salvador Allende había quebrantado, porque su insuficiencia para defender al régimen democrático había quedado de manifiesto. Se trata de crear una nueva institucionalidad que, mejor adaptada a los tiempos actuales, asegure los valores permanentes y espirituales que el régimen libertario occidental encierra. De ahí que uno de los primeros actos del actual gobierno haya sido nombrar una comisión de destacados juristas y profesores de Derecho del país para que preparen un anteproyecto de nueva Constitución Política, sobre el cual el pueblo tendrá oportunamente la posibilidad de pronunciarse. Pero esto es una tarea que toma tiempo.

"Por otro lado, resulta evidente que un país económicamente en ruinas y, sobre todo, colocado en situación objetiva de guerra civil, con grupos armados ilegítimos formados por civiles extremistas, no puede restablecer su convivencia democrática y la plenitud de derecho que ella involucra en plazo breve. Debe primero restablecer la unidad nacional y superar los factores que precisamente hicieron imposible seguir conviviendo dentro de una normalidad democrática a un pueblo que había disfrutado de ella por casi ciento cincuenta años.

"No hay pues contradicción alguna entre culpar a la Unidad Popular de haber destruido la democracia chilena y arrastrado al país al borde del enfrentamiento fratricida, y el que las fuerzas armadas, evitando la sustitución de nuestra institucionalidad destruida por la dictadura marxista declarada y abierta, no hayan podido proceder a la simple y rápida restauración de aquélla, sino que hayan debido iniciar la construcción gradual y realista de una nueva institucionalidad democrática, todo ello acompañado de la inevitable purificación de una nación que fue destruida y dividida a conciencia hasta el límite mismo de sus resistencia".

"Compete a la fuerza pública"

2. Todas las constituciones del mundo civilizado establecen que la soberanía nacional radica esencialmente en el pueblo. ¿Qué fundamento filosófico o jurídico justifica que las fuerzas armadas se crean autorizadas para "asumir el deber moral" de "destituir al gobierno", como reza el Bando Número Uno?

"La soberanía radica definitivamente en el pueblo. Esa soberanía se expresó una y mil veces para representarle al señor Allende que no aceptaba sus propósitos totalitarios. No sólo fue el pueblo el que lo situó electoralmente en la condición minoritaria señalada en la respuesta anterior, sino que además fue el mismo pueblo organizado en sus entidades naturales de asociación vecinal, sindical o gremial estudiantil, etc., el que asumió junto a las mujeres de Chile la primera fila en la lucha antimarxista.

"El señor periodista no puede ignorar que, a la fecha del pronunciamiento militar, habían paralizado indefinidamente sus actividades, exigiendo la renuncia del señor Allende, casi todos los principales gremios y actividades del país. Y el movimiento de paros y huelgas contra la Unidad Popular no sólo abarcó a los sectores de producción, el comercio y el transporte, en cuanto empresarios grandes, medianos y pequeños, sino que alcanzó de manera especialmente vigorosa al sector laboral, dentro de los trabajadores bancarios del comercio, de las minas de cobre, del campo, incluyendo a las principales organizaciones de campesinos y asentados (ambos no propietarios agrícolas hasta entonces) y de los sectores más representativos y mayoritarios de profesionales, estudiantes universitarios y de la enseñanza media.

"A ello se agregó la virtual declaración de ilegitimidad e ilegalidad que del gobierno marxista hicieron tanto la Corte Suprema como el Congreso Nacional, según acuerdos antes aludidos, representando este último la expresión genuina y jurídica de la mayoría nacional.

"Fue un grito de rebeldía de un pueblo que no aceptaba que una minoría lo sojuzgara para una doctrina totalitarista y extranjerizante. Al no abrir el señor Allende ninguna vía eficaz de solución, y negarse a llamar a plebiscito, colocó a las fuerzas armadas en la obligación de rubricar con su pronunciamiento militar el anterior pronunciamiento soberano y popular de la civilidad. Y al hacerlo, cumplimos además con la obligación que 'en toda nación civilizada', para seguir la terminología del señor periodista, compete a la fuerza pública: garantizar la seguridad nacional, en su expresión modernamente aceptada, y evitar la agresión sangrienta de una minoría ilegalmente armada, en contra de una mayoría desarmada, precisamente porque confiaba en nuestros institutos armados regulares".

¿Quién fija los patrones morales?

3. Según el estudio del profesor Roy Allen Jancen, de la Universidad de California, cuarenta y dos por ciento de los oficiales de las fuerzas armadas de Chile pertenecen a la gran burguesía, treinta y nueve por ciento a la clase media acomodada y diecinueve por ciento procede de la pequeña burguesía. ¿Cómo puede una minoría armada, de esta composición social, asumir un "deber moral" que significa abolir el sistema democrático de elecciones populares, del cual Chile era ejemplo para el mundo? ¿Quién o quiénes fijan, dentro de las fuerzas armadas, cuáles son los patrones morales que les deben ser impuestos al pueblo?

"El cálculo del señor profesor está equivocado, y sus categorías de clasificación son tan arbitrarias, como vagas y pintorescas. Puedo asegurarle que, fiel a la doctrina del Padre de la Patria, Bernardo O'Higgins, 'para ser oficial en Chile no se requiere más prueba de nobleza que el valor y el patriotismo. A través de las generaciones hemos respetado ese criterio y hoy nuestra oficialidad es una expresión de toda la gama social de Chile. Estamos mezclados, y con orgullo, ya que las escuelas de nuestras fuerzas armadas tienen abiertas las puertas de la oficialidad para todo ciudadano que reúna las condiciones espirituales, físicas y morales para ello. Muchos oficiales son hijos de suboficiales o de obreros y nadie se avergüenza de ello. Todo lo contrario. Yo estoy feliz de tener como hermano a un modesto trabajador chileno.

"Respecto del resto de la pregunta y de sus referencias a la 'minoría armada', téngase por contestadas con las dos respuestas anteriores".

4. Perdone usted si insisto sobre el Primer Bando Militar, pero estimo que ese Bando es de gran importancia pues en cierto modo reemplaza a la Constitución Política. Allí se establece también que la destitución del presidente Allende se hace porque dicho presidente quebrantó el derecho de huelga. Sucesivas disposiciones del gobierno militar han tenido los siguientes resultados: prohibición absoluta o limitación de las actividades sindicales; prohibición de huelgas, desconocimiento de convenios colectivos, fallos arbitrales y actas de avenimiento. ¿A qué derecho de huelga se refería, entonces, el Bando Militar? ¿Al derecho de huelga patronal?

Sindicatos sin política

Dice el general Pinochet: "La actual restricción de las libertades públicas queda justificada en la primera respuesta. Pese a ello, en cuanto al campo laboral se refiere, debo aclarar que por Decreto Ley 198 se abrió a las directivas sindicales la posibilidad de iniciar sus actividades. Hay comités provinciales de trabajo que reemplazan momentáneamente a la Central Única de Trabajadores. Gradualmente iremos avanzando hacia una plena actividad sindical y participación gremial que deseamos. Entre tanto, habrá que liberarla de la politización de que fue víctima en el pasado, a fin de que las organizaciones sindicales sean fiel expresión de sus agremiados y no instrumento de los partidos políticos, que éstos usan para su propio beneficio.

"En todo caso, la celebración del Primero de Mayo, en que la mayoría de las principales federaciones sindicales del país me invitaron para que escuchara sus planteamientos y les dirigiera la palabra, todo ello libre y públicamente, probó con su extraordinario éxito que los trabajadores chilenos comprenden la situación y respaldan a la Junta de Gobierno en su tarea de reconstrucción nacional.

"En cuanto a que el Primer Bando Militar 'en cierto modo reemplaza a la Constitución Política', creo que se trata de una afirmación del señor periodista que, por decir lo menos, resulta incomprensible. La Constitución Política sigue vigente en lo que los Decretos Leyes posteriores al 11 de septiembre no la modifiquen y, en todo caso es en esto, y no en el Primer Bando de la Junta de Gobierno, donde hay que buscar el ordenamiento jurídico que, sumado a las numerosísimas disposiciones constitucionales y legales que datan desde antes y que en su mayoría no han sido modificadas, rige hoy a Chile.

"En cuanto a sus referencias a 'organizaciones patronales', debo aclararle que no distinguimos los derechos de los chilenos por razones de clase".

Los textos del episcopado

5. Las fuerzas armadas se alzaron porque el gobierno de Allende quebrantó la "libertad de enseñanza", según explica el ya mencionado Bando. El 24 de abril, el cardenal Raúl Silva Henríquez dio a la publicidad una declaración episcopal en la que dice: "Nos preocupa que se esté estructurando y orientando integralmente el sistema educacional sin suficiente participación de los padres de familia y de la comunidad escolar". ¿No es éste un cargo de la Iglesia católica de igual naturaleza al formulado por la Junta al gobierno de Allende?

"No, porque el cargo que la Junta de Gobierno, la Iglesia católica y las principales entidades educacionales y estudiantiles del país formularon al proyecto de Escuela Nacional Unificada que propició el régimen de Allende, iban al fondo de su contenido. Se trataba de un intento de estatizar la enseñanza para ponerla al servicio de la construcción del socialismo marxista en Chile, vulnerando así la libertad de de enseñanza y nuestra tradición cristiana. En cambio, las observaciones del Episcopado a este aspecto de nuestra gestión que usted cita se refieren al procedimiento que se está siguiendo para poner en marcha los nuevos planes educacionales.

"Yendo específicamente a la objeción episcopal, esperamos ir posibilitando gradualmente una plena participación de la comunidad escolar, pero debo informarle que ya están autorizados para funcionar y participar, y lo están haciendo, las asociaciones de padres de familia y los centros de alumnos tanto en las universidades como en la enseñanza media.

"El 29 de abril el miembro de la Junta de Gobierno, general Gustavo Leigh, concurrió a dictar una charla en la Universidad Católica, invitado por la Facultad de Derecho, donde el decano y el presidente de los estudiantes, ambos elegidos libremente por profesores y alumnos, respectivamente, afirmaron su adhesión a la juridicidad de la Junta de Gobierno. El general Leigh ingresó al campus universitario sin más escolta que su edecán de servicio, y fue ovacionado repetidamente por los estudiantes, según el país entero pudo apreciarlo a través de la TV. Sería interesante saber si gobernantes de países que se dicen democráticos y avanzados se atreverían a hacer lo mismo y si acaso conseguirían un éxito parecido".

6. Si agregamos que el mismo Bando Militar explica el alzamiento armado porque el presidente Allende quebrantó el "derecho en general a una digna y segura subsistencia" y los obispos chilenos sostienen en el aludido documento que hay actualmente "falta de resguardos jurídicos eficaces para la seguridad personal", "detenciones arbitrarias", "interrogatorios con apremios físicos o morales", "limitacio-

nes de las posibilidades de defensa jurídica", "sentencias desiguales por las mismas causas" y "restricciones del derecho de apelación", ¿piensa usted que si la Iglesia católica tuviera el poder armado tendría también el "deber moral" de destituir al actual gobierno de la Junta Militar, ya que, según esa crítica, ahora tampoco hay "una segura y digna subsistencia". ¿Cómo reacciona usted, ya no como presidente de la Junta, sino como cristiano, al juicio de sus pastores?

"Como cristiano, celebro enormemente en primer lugar la insistente preocupación de un periodista mexicano por la opinión de la Iglesia católica, superior sin duda a la situación en que ella se encuentra en el país. En cuanto a los cargos como simple católico preferiría guardar silencio, pero como gobernante debo precisar:

"a) Que las afirmaciones de los señores obispos no me parecen justas. Creo que tienden a generalizar casos aislados y que, cuando han traído consigo la acusación de excesos para algunos mandos inferiores de las Fuerzas Armadas, se han instruido los sumarios correspondientes, existiendo miembros de nuestras instituciones que en tal virtud han sido sancionados conforme a la ley. Es posible que al comienzo haya habido más excesos, pero bajo mi palabra de soldado puedo asegurarle que la situación actual es de general garantía para detenidos y procesados. Además querría saber si algún país en el mundo entero que haya atravesado por una emergencia como la nuestra, ha podido evitar todo exceso en esta materia desde el comienzo.

"b) Que la declaración del Episcopado a que usted alude, no puede ser citada sin la declaración previa del cardenal arzobispo de Santiago, que sitúa las afirmaciones en cuestión, dentro del marco de la situación caótica y bélica en que la Junta de Gobierno ha recibido el país.

"c) Que en esa misma aclaración previa, el cardenal arzobispo de Santiago pide a los extranjeros que no usen las palabras del Episcopado para entrometerse en nuestra situación interna, sin un conocimiento de ésta que permita justipreciar y ponderar el pronunciamiento episcopal.

"d) Que como se reconoce en el mismo documento recién citado, la declaración episcopal refleja el 'pensamiento de la mayoría', por lo cual no hay unanimidad entre los obispos. Puedo informarle que la discrepancia versó justamente sobre la procedencia de incluir los conceptos que usted trae a colación, y que su aprobación logró una estrecha mayoría.

"e) Que la apreciación global de la situación chilena por parte de la jerarquía eclesiástica queda de manifiesto en la frase textual del cardenal arzobispo de Santiago, en su declaración antes citada, en que reconoce explícitamente que 'en Chile impera el derecho' y que el señor periodista omite".

ES HUMORADA DECIR QUE EU INTERVINO EN EL GOLPE, SOSTIENE PINOCHET

Santiago de Chile, 19 mayo de 1974

7. En entrevista al periodista Charles Eisendrath, corresponsal de *Time*, declaró usted en la última semana de septiembre: "Se dice que de cuando en cuando la democracia debe bañarse en sangre para que pueda seguir siendo una democracia". Por su parte, el general Gustavo Leigh dijo el 17 de septiembre a *La Tercera:* "Obramos así porque son preferibles cien mil muertos en tres días que un millón de muertos en tres años". Se supone con fundamento que la Junta ha declarado que había que erradicar el marxismo —que gran parte de la sangre de ese baño al que usted hace alusión, así como gran parte de esos cien mil muertos a los que se refiere el general Leigh, deben ser de "extremistas" o de "marxistas". La Junta de Gobierno ha declarado reiteradamente que se basa en los principios del "humanismo cristiano". ¿No cree que las declaraciones suyas y las del general Leigh están más cerca de las teorías de la

"Inmisericordia" que de las del dulce y pacífico pescador de Galilea? ¿Hay, a su juicio, alguna diferencia moral entre las persecuciones a los antiguos o primitivos cristianos y la "erradicación de los marxistas"?

"Vamos por partes. La frase atribuida al general Leigh es, lisa y llanamente, falsa. Tengo a la mano el diario que usted cita y ella no figura en parte alguna. Temo que el señor periodista la haya obtenido del libro de un ex dirigente comunista que invoca igual cita inexistente.[1] En cuanto a mis palabras para *Time*, no son expresión de mi pensamiento sino la cita de un autor americano, que recordé como mera referencia y no para reafirmarla. La lectura completa de la entrevista así lo demuestra.

"Enseguida, es falso que en Chile hayan muerto cien mil personas como consecuencia de los sucesos del 11 de septiembre. Incluyendo también a nuestros caídos, miembros de los Institutos Armados muertos en combate con extremistas y francotiradores, no se acercan ni siquiera a la décima parte de esa cifra. Cien mil o tal vez muchos más hubiesen sido los muertos si el comunismo hubiera tenido tiempo para asestarle a nuestra patria el golpe final, desatando el enfrentamiento civil que preparaba.

"Finalmente, resulta antojadizo y hasta pueril suponer que erradicar el marxismo de Chile equivale a matar o perseguir a los marxistas por el hecho de serlo. Algunas preguntas posteriores se refieren a este tema y ahí abundaré más sobre el particular".

1 Alude a *Chile. Libro negro*, publicado en 1974 por Hans-Werner Bartsch, Martha Buschmann y Erich Wulff. (N. del E.)

8. Existen testimonios numerosos de personas que no pueden ser tildadas de parciales, así como el de periodistas de las agencias AP, DPA, Reuters, AFP, ADN, UPI, etc., que dan cuenta de que en Chile existe lo que la propia Iglesia católica de Chile denomina en su reciente declaración "interrogatorios con apremios físicos". Sin embargo, el canciller Huerta acaba de declarar en la reunión de la OEA en Atlanta que Chile no conoce, en siete y medio meses de la Junta, "una denuncia probada de tortura". ¿Quiere decir esto que el almirante Huerta distingue entre la existencia de la tortura en sí y la existencia de "denuncias" de torturas o, simplemente, su declaración de Atlanta significa que hombres como Leopoldo Torres Boursault, secretario general del Movimiento Internacional de Juristas católicos; Michel Blum, secretario general de la Federación Internacional por los Derechos Humanos, y la propia Iglesia católica de Chile, no están diciendo intencionadamente la verdad? ¿Ante qué autoridades bajo en "estado de guerra interno" deben presentarse las denuncias?

"En cualquier caso, sea de normalidad jurídica o de emergencia en sus varios grados, las denuncias sobre posibles 'apremios ilegítimos' deben formularse ante las autoridades de la Justicia Militar, si los presuntos responsables son militares, y ante la justicia ordinaria, si los presuntos responsables son civiles. El estado de guerra interna no cambia en nada respecto de una situación de plena normalidad, en este aspecto.

"En cuanto a los testimonios que usted invoca, exceptuando el de la Iglesia católica que ya ha sido aclarado, todos han sido controvertidos por otros visitantes de igual jerarquía y probablemente de mayor objetividad. Seguramente, el señor periodista conoce la opinión, para no citar sino la más reciente, del asesor del senador Kennedy y ex embajador de Chile, señor Ralph Dungan, que difiere de los testimonios mencionados en la pregunta.

"Pero me sorprende que ni en ésta ni ninguna otra pregunta, el señor periodista parezca conceder valor a un testimonio que, en el rubro de que se trata, tiene el más alto valor moral y técnico: el del presidente de la Corte Suprema de Chile, organismo absolutamente independiente del gobierno y que éste no ha tocado en su composición legal y previa al pronunciamiento militar. Inaugurado el actual año judicial, el primero de marzo pasado, el presidente de dicho tribunal, señor Enrique Urrutia, dijo que 'en Chile se respetan los derechos humanos'".

Sospechosos por razón de los altos cargos

9. El secretario general de la Junta declaró, según la AFP, que "en todo Chile se encuentran detenidas diez mil personas". El canciller Huerta, en Atlanta, declaró: "En Chile no hay presos políticos", sólo presuntos responsables de delitos comunes. En la misma declaración, el canciller dijo: "No éramos un país preparado para enjuiciar a ocho mil asilados, tres mil quinientos refugiados y seis

mil detenidos". Una simple suma nos demuestra que, por una u otra razón, y según las cifras del canciller que dice no haber presos políticos, en Chile y a la fecha de las declaraciones del general Ewing, había diecisiete mil quinientas personas privadas de libertad. De qué delitos comunes están acusados el ex canciller Almeyda, Luis Corvalán, Edgardo Enríquez, Orlando Letelier, Hugo Miranda, Aníbal Palma, Jaime Tohá y en general los ex ministros y ex parlamentarios detenidos en la Isla Dawson (aún no se había hecho público su traslado al centro de Santiago). ¿Son delincuentes comunes los ex compañeros de gabinete del almirante Huerta?

"Son varias preguntas en una, no exentas de suposiciones gratuitas.

"a) No se puede identificar a los detenidos con los asilados o refugiados. Muchos de éstos lo han hecho sin que hubiera cargos en su contra, y con el simple deseo de abandonar el país, por su propia voluntad. La tensión inicial ha llevado a muchos a temores infundados.

"b) En Chile no hay presos políticos, en el sentido de que nadie está ni permanecerá detenido por su simple adhesión a la doctrina marxista o al régimen depuesto. De lo contrario, no estarían en Chile, con libertad incondicional, embajadores, ministros y ex parlamentarios marxistas o adictos al gabinete de la Unidad Popular, de la jerarquía de Aniceto Rodríguez, Alberto Jerez, Pascual Barraza, Raúl Ampuero, Carlos Briones (nada menos que jefe de gabinete hasta el 11 de septiembre en la mañana), etc.

"c) Los detenidos son personas que, por su actuación, son sospechosos de haber participado en numerosos delitos, cuya existencia ha quedado acreditada precisamente en razón de los altos cargos que ocuparon en la administración marxista. Será la investigación judicial de tales hechos, que actualmente se lleva a cabo, la que determinará en definitiva la responsabilidad penal de las personas actualmente detenidas. Ella se estudia actualmente, por ejemplo, en el proceso de infiltración en la fuerza aérea, respecto de los destacados dirigentes socialistas Carlos Lazo y Eric Schnake, respecto de quienes el fiscal ha pedido elevadas penas en razón de acusarlos de delitos precisamente tipificados en el Código de Justicia Militar.

"Usted debe comprender que, cuando durante meses y hasta varios años, se internan ilegalmente armas (lo que ha sido probado, mostrándolas ante todo el país y acreditando su procedencia soviética, checoslovaca, etc., y sus características, que las diferencian de todas las que nuestro país adquirió legalmente), cuando se ha descubierto infiltración política en los secretos militares, a través de documentos que lo comprueban y que el país conoce, cuando se ha comprobado el funcionamiento de escuelas guerrilleras hasta en la misma mansión personal del presidente depuesto, es razonable pensar en la posible participación en tales delitos de los jerarcas del régimen marxista, y detenerlos mientras la investigación se lleva a cabo.

"d) El derecho de tener personas en lugares que no sean cárceles –y con el objeto antes señalado– está jurídicamente avalado por el artículo 72, número 17 de la Constitución Política, que faculta al gobierno para ello en caso de estado de sitio. Se trata pues de un mecanismo de emergencia propio y tradicional de nuestro estado de derecho, y no debe olvidarse que en el pasado fue decretado en circunstancias menos graves que las actuales, y que el propio señor Allende intentó su declaración a mediados del año 1973.

"e) La referencia a 'los ex compañeros de gabinete del almirante Huerta', no viene al caso, porque la participación de uniformados en algunos gabinetes del señor Allende se hizo siempre como un aporte técnico institucional que no ligaba a las fuerzas armadas con la orientación política del gobierno. Así quedó siempre precisado en forma pública, y esa participación fue la mejor demostración de la voluntad de los Institutos Armados de Chile de cooperar lealmente con el gobierno de la época, en orden a facilitarle una solución de continuidad democrática. Es sensible que así no se haya comprendido por el señor Allende, y se haya pretendido usar la integración militar de algunos de sus últimos gabinetes, como una pantalla para oscuros propósitos".

"... Es también antojadiza..."

10. En Chile, por disposición de la Junta Militar, existe un "estado de guerra interna". Con ello, los ciudadanos chilenos han quedado sometidos a tribunales militares

inapelables. Según expertos en derecho internacional, el "estado de guerra interno" no existe y sólo se reconoce la existencia de conflictos armados internos, como en el caso de la guerra civil, para cuyo caso rigen también las obligaciones internacionales existentes para el caso de guerra y, en especial, en lo relativo al trato de prisioneros. La Convención de Ginebra de 1949, suscrita por Chile, contempla el caso en su artículo tercero. De acuerdo con esta Convención, los prisioneros no pueden ser maltratados, ni ser objeto de actos de de violencia, ni sujetos a tratamientos crueles; tienen derecho a ser respetados en sus personas, en su honor y dignidad; no pueden ser muertos en caso de fuga, sino que, a lo más, pueden ser objeto de medidas disciplinarias por tal hecho. Tienen derecho a una alimentación igual a la de las tropas auxiliares del ejército; las personas de sus familias están a salvo de cualquier coerción o medida represiva; no pueden ser ejecutados; en el caso de ser condenados a muerte, antes de que transcurra un plazo de seis meses. En Chile, bajo la vigencia de tribunales militares, se reconoce que hay "interrogatorios con apremios físicos". La propia Junta Militar, en comunicados oficiales, ha dado cuenta de ajusticiamientos sumarios, y de haber aplicado la "ley de la fuga". ¿Qué fundamentos jurídicos, aun en el caso de "estado de guerra interno", justifica que no se apliquen las disposiciones del derecho internacional, de las cuales Chile es signatario? ¿Cómo se concilia esta actitud, reconocida por la Junta Militar, con sus declaraciones de que "respetará todos sus compromisos internacionales"?

"A esta pregunta, siento tener que responder al señor periodista, que el contenido del artículo tercero de la Convención de Ginebra, difiere del que le atribuye la pregunta. Quien quiera que revise su texto y lo compare con el trato que se da en Chile a detenidos y procesados, comprobará que éste se encuadra dentro de las normas jurídicas y humanitarias de la Convención. Así, por ejemplo, acabamos de trasladar a los detenidos de la Isla Dawson a la zona central, atendiendo a que el clima es muy riguroso en el extremo sur del país durante el invierno. Y éste no es sino un ejemplo, que corrobora una conducta de amplio respeto y buen trato para los detenidos, y así lo han podido comprobar numerosos visitantes. La versión de que 'en Chile se reconoce que hay interrogatorios con apremios físicos' es también antojadiza e inexistente.

"Todo el sistema de los juicios militares chilenos se rige por normas propias del Código de Justicia Militar que no han sido dictadas ni modificadas por el gobierno, sino que datan de 1926. Baste agregar que su última compilación lleva la firma del propio Salvador Allende. Nadie es tampoco condenado sin juicio, y siempre por un hecho sancionado por la ley con anterioridad a su comisión. El principio de la legalidad, junto con el derecho penal, es pues plenamente respetado.

11. La Junta Militar ha dado publicidad a un informe del Colegio de Abogados de Chile en el cual se establece que en este país se respetan los derechos de los procesados y de los prisioneros. Los procesos de Osorno Valdivia y Chillán, así como el de Temuco contra los miristas (miembros del MIR), fueron a puertas cerradas. En este último caso, dice *El Mercurio* del viernes 29 de marzo, "los detenidos no contaron con abogados defensores". Ningún abogado marxista llegó hasta la fiscalía, por lo cual el Tribunal Militar debió designar a un abogado de oficio que en dieciséis horas tuvo que tratar de imponerse de voluminosos expedientes relativos a cuarenta y siete acusados, lo cual deja menos de veinte minutos para el estudio de cada caso en un juicio inapelable. ¿Significa, señor presidente, que los abogados designados de oficio por los tribunales militares chilenos son de una eficiencia sin parangón? ¿O es efectivo que hubo dos informes del Colegio de Abogados a la Junta Militar, uno de los cuales no se publicó?

"En los procesos militares, los inculpados tienen amplia libertad para escoger sus abogados defensores. Sólo en el caso de que no lo hagan, por carecer de vinculaciones profesionales o por otra causa cualquiera, se les designa de oficio un abogado que los defiende, a fin de que no queden en indefensión. Es conveniente que se sepa que, para dar mayores garantías a los procesados en esta materia se ha concertado con el Colegio de Abogados una colaboración para que elabore las nóminas de los penalistas a quienes resulte más adecuado encomendar estas defensas de oficio. En ellas figuran los más destacados criminalistas del país encabezados por el presidente del Instituto de Ciencias Penales y prestigiado profesor universitario del ramo, señor Miguel Schweitzer.

"Es cierto que los plazos que fija el Código de Justicia Militar para que los abogados se impongan del proceso son breves, pero ellos han sido ampliados en el hecho cada vez que los abogados lo han solicitado. Así ha quedado de manifiesto en el más resonante de los juicios militares emprendidos hasta ahora, como es el del proceso por infiltración política en la Fuerza Aérea de Chile. En él podrá haber advertido el señor periodista la amplia publicidad que de su desarrollo existe, no sólo para abogados sino para periodistas nacionales y extranjeros en general. Todos los consejos de guerra son públicos.

"Como nuestra intención es dar a los procesados las mayores garantías jurídicas posibles para una adecuada defensa y un justo fallo, hemos impartido disposiciones y estamos estudiando normas complementarias que solucionen las deficiencias que en algunos casos pueden haberse observado a este respecto. Somos un gobierno de autoridad, por lo cual, nadie que resulte judicialmente culpable de delitos quedará impune, pero somos también un gobierno de hombres de Derecho, por lo cual no aceptamos la idea de sancionar a un inocente, ni de perseguir las simples ideas que no se hayan traducido en hechos fehacientes".

12. Señor presidente de la Junta Militar, oficialmente se ha sostenido que el presidente Allende se suicidó en La Moneda. Esa misma versión dice que la brigada de Homicidio del Servicio de Investigaciones fue llamada para verificar los detalles del suicidio. Generalmente, en este tipo de intervención, la policía técnica toma diversas fotografías para respaldar sus afirmaciones. ¿No habría sido definitiva la prueba de la veracidad de la información oficial si se hubiesen publicado las fotografías del cadáver del presidente, especialmente las del torso anterior y posterior? ¿Por qué no se hizo?

"Existen fotografías y claras. Si no han sido publicadas en los medios de difusión han sido por razones humanitarias elementales, ya que Allende quedó enteramente desfigurado, Piense usted que se disparó en la barbilla y se voló la caja craneana. Además, se hizo la autopsia correspondiente en forma legal.

"Sólo le agrego que, sobre el suicidio de Allende, en Chile, no duda nadie, ya que su propio médico, el doctor Guijón, que fue la última persona que lo acompañó en el palacio de gobierno, así lo ha confirmado públicamente. Además, todos los testimonios más directos coinciden sobre el particular".[2]

2 El entrevistado evitó responder a la pregunta número 14. (N. del E.)

15. Si antes del 11 de septiembre no se había decretado oficialmente el "estado de guerra", ¿cómo se explica que numerosos oficiales, soldados y clases hayan sido juzgados como "traidores" por negarse a derrocar al gobierno legítimamente constituido?

"Nadie está siendo acusado de traición 'por negarse a defender al gobierno legítimamente constituido'. Menos se ha juzgado a ningún oficial por tal circunstancia. La traición consiste en haber facilitado la infiltración política de las fuerzas armadas, entregando incluso secretos militares a grupos que estaban organizados militarmente en forma ilegal, para atentar hasta contra la vida de la fuerza pública regular, como instituciones y como personas. Ése es el antecedente que ha conducido a configurar el delito de alta traición, y para ello no se requiere declaración de estado de guerra alguno".

Los latifundios, la democracia cristiana

16. Señor presidente: informaciones de prensa dicen que la Junta Militar ha iniciado la devolución de algunos latifundios expropiados tanto en los tiempos del presidente Frei como bajo el gobierno del presidente Allende. También se ha informado que se han entregado muchas tierras a los campesinos. ¿Qué criterio, ordenamiento o disposición legal se aplica para determinar estas devoluciones? ¿Cuáles tierras se entregan a los campesinos?

"No se ha 'devuelto ningún latifundio', sino que se ha dado cumplimiento a la Ley de Reforma Agraria, el derecho de reserva que legalmente tiene la generalidad de los propietarios expropiados sobre parte de su predio. Asimismo, se ha conocido el derecho de aquellos propietarios que fueron privados ilegalmente de su propiedad, en muchos casos por usurpaciones de hecho que afectaron incluso a incontables pequeños propietarios.

"La prueba de que no se trata de 'devolver latifundios' es precisamente la realidad que usted señala, de que se está entregando en propiedad a los campesinos la tierra del sector reformado, es decir, legalmente expropiado. Con ello procuramos satisfacer un anhelo del campesinado chileno nunca antes concretado, de acceder al dominio de la tierra que trabaja. La tendencia es a la propiedad individual, pero se facilitan fórmulas cooperativas que impidan el minifundio, realidad económica y social tan inconveniente como el latifundio".

17. ¿Tiene intenciones el gobierno de la Junta Militar de devolver los grandes yacimientos mineros de cobre y de hierro? ¿Chuquicamata, El Teniente, Potrerillos, La Exótica, etc., volverán a sus antiguos dueños?

"Hemos declarado reiterativamente que no".

20. ¿Qué ha causado el distanciamiento entre el gobierno militar y la democracia cristiana?

"No sé a qué distanciamiento se refiere el señor periodista. El gobierno ha declarado en receso a los partidos democráticos, y ha disuelto a los partidos marxistas o de la Unidad Popular. La razón de la primera medida obedece a la necesidad de pacificar los espíritus y reunificar al país, cuya división enconada se simbolizó en gran medida en la lucha político-partidista. Por tanto, la democracia cristiana está en receso, por lo que mal puede estar más cerca o más lejos del gobierno. Lo mismo se aplica a los demás partidos democráticos existentes al 11 de septiembre pasado.

"El actual gobierno de Chile es un régimen de integración nacional que no gobierna con ningún partido político, sino con los chilenos que quieren reconstruir el país, sin distinciones, pero puedo señalarle que, en ese carácter y no por su filiación política, colaboran con el gobierno valiosos técnicos de extracción demócrata-cristiana, al igual que de otras corrientes democráticas y sobre todo de muchos independientes en importante cargos. No entiendo, por tanto, a qué puede estarse refiriendo el señor periodista, pero la realidad que indico desmiente su suposición".

"Una suerte de autocensura"

21. La Iglesia católica de Chile, por boca de sus obispos, ha dicho: "Nos preocupan también las dimensiones sociales de la situación económica actual, entre las cuales se

podrían señalar el aumento de la cesantía y los despidos arbitrarios por razones ideológicas..." "Por acelerar el desarrollo económico se está estructurando la economía en forma tal que los asalariados deben cargar con una cuota excesiva de sacrificios". En términos muy semejantes se han pronunciado los representantes de los partidos políticos de izquierda, que se encuentran en el exilio, en los documentos de Roma y París. ¿Significa esta afirmación coincidente de la Iglesia católica chilena que ésta también está dominada o penetrada por el marxismo?

"a) En Chile no hay censura previa para los medios de comunicación. Hay una suerte de autocensura, que cada órgano maneja según su discreción y que consiste en hacer un uso prudente de su delicada función, acorde con la situación de emergencia que vive el país. Pero usted podrá ver críticas a diversos aspectos de la gestión de gobierno, tanto en editoriales como en crónicas informativas. En cuanto a la indefensión, tanto no existe que la propia hermana del ex presidente Allende, la señora Laura Allende, publicó hace algunas semanas un desmentido en *El Mercurio*, diario que lo insertó gratuitamente y sin consulta previa ni molestia posterior alguna por parte del gobierno.

"b) Creo que sobre la declaración de los señores obispos, que fue publicada íntegramente en los diarios chilenos, en demostración de la validez de mi respuesta anterior, ya esclarecí todo lo necesario en la respuesta a la pregunta número seis.

"En todo caso, y respecto a la afirmación precisa citada en la pregunta, creo que se trata de una aprensión que no se ajusta a la realidad, porque nuestra política económica se orienta a lograr un desarrollo sin el cual sólo se reparte pobreza, pero procura y procurará ir siempre armonizando simultáneamente el desarrollo económico con un adecuado progreso social. Desde luego, hemos mejorado sustancialmente el ingreso de los sectores más modestos, en comparación con el resto de la ciudadanía, todo ello, dentro de las restricciones impuestas por una herencia económica caótica.

"Frente a la pregunta del señor periodista acerca de si la Iglesia católica chilena 'está dominada o penetrada por el marxismo', creo que la concordancia tan circunscrita que él ve entre la Iglesia y algunos documentos marxistas, aun de existir, no sería suficiente para concluir afirmativamente la hipótesis que la pregunta se plantea. Ahora, al margen de ese caso concreto, creo que el clero chileno está penetrado por el marxismo, y hasta ha habido sacerdotes mezclados en la guerrilla extremista, pero no pienso que 'la Iglesia católica chilena esté dominada por el marxismo'".

La muerte de Tohá y el apoyo del pueblo

22. ¿Qué motivó el hecho de que la versión que usted diera en Brasil sobre el suicidio del ex ministro de la Defensa, señor José Tohá, fuera distinta de la versión que dio la Junta oficialmente en Chile? ¿De la comisión de qué delitos comunes era sospechoso el señor Tohá? ¿Si el señor

Tohá incurrió en esas sospechas durante el gobierno del señor Allende, fue cuando ejerció su cargo de ministro de Defensa?

"Di la versión que llegó inicialmente a mis manos. Sobre los delitos de que pudiera haber resultado responsable el señor Tohá, no me corresponde opinar porque es un problema que compete o habría competido a instancias judiciales. Ahora bien, ya que usted alude a su desempeño como ministro de Defensa, debo señalarle que sí hay algunos jerarcas del régimen marxista que parecen al menos como especialmente sospechosos en cuanto a los delitos de entrada ilegal de armas al país y de infiltración política de las fuerzas armadas, son justamente quienes estuvieron al frente del Ministerio de Defensa. De ahí que se aplicara al señor Tohá la detención a que faculta el estado de sitio, en conformidad con lo explicado en una respuesta anterior".

23. En su entrevista concedida a la revista *Time*, usted declaró: "El único partido en estos momentos es el partido chileno y todos los chilenos son sus miembros". ¿Quiere esto decir que usted acepta el partido único cuando los militares son sus jefes? ¿No es eso una dictadura?

"Estimo que la sola transcripción que el señor periodista hace de mi frase a la revista *Time* es suficiente para desvirtuar la interpretación que él pretende darle. El carácter metafórico en que usé la expresión *partido*, fluye en forma evidente. Por lo demás, basta observar la realidad chilena para darse cuenta de que aquí no hay actualmente ningún partido político en actividad, y que la Junta de Gobierno no funda su apoyo en un 'partido político juntista', sino en el apoyo espontáneo de la mayoría del pueblo.

"La sola enunciación de la pregunta se aleja de tal modo de la realidad chilena, que debo pensar que el señor periodista ha sido víctima de su subconsciente, que acaso lo coloca personalmente cerca de experiencias de regímenes de partido único, ya sea abiertos o encubiertos, que le ha tocado conocer muy de cerca".

"Conquistar lealmente las conciencias"

24. Según *El Mercurio* del 12 de octubre último, usted declaró: "Queremos erradicar el marxismo de la conciencia de los chilenos". La conciencia, junto con ser conocimiento, noción, es el sentimiento interior por el cual aprecia el hombre sus acciones. A su juicio, o a su conciencia, ¿es el conocimiento marxista un mal tan grande que justifique la violación del pensamiento íntimo?

"El Mercurio del 12 de octubre último transcribe el discurso que como presidente de la Junta de Gobierno pronuncié el día anterior al cumplirse un mes del pronunciamiento militar. En él señalé textualmente: 'Aspiramos a derrotar al marxismo en la conciencia libre de los chilenos, que podrá comparar y juzgar a cada cual por sus resultados'.

"El sentido de la frase es claro. No se trata de impedir que los chilenos conozcan intelectualmente lo que es el marxismo. Lo saben y además lo han sufrido en su vida práctica. Precisamente lo que señalé, es que con el éxito final de nuestra conducta cívica y nuestra acción de gobierno, aspiramos a que los chilenos, en el fuero íntimo y sagrado de su conciencia libre, lleguen a preferir nuestro camino de progreso, unidad nacional y sentido cristiano de vida, frente a la decadencia, división y filosofía materialista que el marxismo entraña. Conquistar lealmente las conciencias no es violar el pensamiento íntimo. Es ejercer la más noble de las funciones humanas, donde la tarea del gobernante se funde con la del padre y la del maestro, ante un pueblo cuya dignidad sólo se inclina frente a la autoridad moral, y cuyo realismo sólo se deja convencer frente a la auténtica eficacia".

13. En el exterior hay preocupación por la suerte del director del Banco Central, Jaime Barrios. Circula una fotografía en la que se le señala entre los que salen rendidos, con las manos en alto, de La Moneda. ¿Se sabe oficialmente qué sucedió con él?

"Es uno de los pocos dirigentes del anterior régimen sobre el cual no existe información oficial sobre su paradero. El señor periodista debe recordar que no todas las personas que salieron rendidas de La Moneda, fueron detenidas, debido a la confusión reinante. Tanto es así que la secretaria privada del señor Allende, la señora Miriam

Contreras de Ropert (alias 'La Payita'), que salió rendida del Palacio de Gobierno se asiló después en una embajada. Del señor Barrios no existen antecedentes oficiales posteriores. Varios dirigentes marxistas han huido a Argentina, por la frontera, y otros permanecen en el clandestinaje".

Respuesta a la pregunta número 18

18. Mucho se ha dicho acerca de la eventual participación norteamericana en el golpe militar chileno: hay algunos hechos que son del dominio público y que no han tenido explicación: la llamada a Washington del embajador Davis pocos días antes del golpe y su apresurado regreso a Chile horas antes del alzamiento; la información de la agencia inglesa Reuters del 13 de septiembre, no desmentida, en el sentido de que el presidente Nixon fue informado con cuarenta y ocho horas de anticipación; la coincidencia del golpe con la Operación Unitas; la llegada a Chile, ocho días antes del golpe, de ciento cincuenta especialistas en "acrobacias aéreas" norteamericanos; la utilización del avión norteamericano de la Air Force tipo WE-57 S número 631-3289 que, con tripulación chileno-norteamericana y desde base argentina, voló sobre Chile en los momentos del golpe para servir de centro volante de comunicación, según afirma *The Observer* del 28 de octubre de 1973; la similitud del desencadenamiento de los sucesos con los planes de la ITT denunciados por el

periodista Anderson, etcétera. ¿Existen estas coincidencias y, si existen, tienen otra explicación?

"Todos los hechos invocados, salvo el de la Operación Unitas, que efectivamente fue una coincidencia irrelevante, son inexactos o falsos, y algunos, excúseme que se lo diga, son grotescos. Quiero tomar esta pregunta como una 'humorada' en un cuestionario que a esta altura se ha tornado fatigoso. Prefiero tomarla como humorada, porque de lo contrario tendría que rechazarla como una insolencia para las fuerza armadas de Chile".

19. Según datos del North American Congress of Latin America, entre 1950 y 1969 egresaron de la US School of the Americas tres mil seiscientos ochenta y siete oficiales chilenos. En los mil días del gobierno del presidente Allende, ¿cuántos oficiales chilenos fueron adiestrados en los países socialistas?

"Ninguno. Sólo hubo intercambio de visitas de grupos importantes de oficiales, pero no adiestramiento de éstos. Los países socialistas adiestraron a parte importante de los miles de guerrilleros chilenos y extranjeros que integraban el extremismo marxista. También los nutrieron de armamentos, ingresados ilegalmente a nuestro país. Pero no adiestraron a oficiales de nuestras fuerzas armadas regulares".

Ocurrió en San Miguel

Santiago de Chile, 19 de mayo de 1974

Esta es la transcripción de un documento que lleva la firma de Virginia M. Ayress y que dice:

"Copia exacta del original manuscrito entregado el 11 de marzo de 1974, a las 16:00 horas, en el Primer Juzgado del Crimen de San Miguel.

"Primer Juzgado del Crimen de San Miguel.

"Ilustrísimo Señor Magistrado:

"Con fecha 8 de marzo de 1974 fui citada para comparecer a las 9:00 horas por la causa del proceso número 40.876-12. Esa misma mañana me hice presente en el mesón y solicité prórroga porque a esa misma hora tenía permiso para hablar con mi hija Luz de las Nieves Ayress Moreno, que ingresó con fecha 26 de febrero de 1974 a la Casa Correccional, procedente de Tejas Verdes y llegó a ese establecimiento por intermedio de Carabineros como 'prisionera de guerra'. Como me fue otorgada la prórroga es que hoy, con conocimiento de causa, le informo que el día mencionado mi hija, que está ahí en ese establecimiento, hacía 27 días que no se sabía nada de ella (y de mi esposo Carlos Orlando Ayress Soto de 54 años y de mi hijo Carlos Orlando Ayress Moreno de 16 años).

"Por ese motivo, con fecha 7 de febrero de 1974 presenté un recurso de amparo a la Ilustrísima Corte de Apelaciones.

"Aparte de los antecedentes que ya deben estar en conocimiento de su Señoría, le agrego lo siguiente a la denuncia: el viernes 8 de marzo conversé con mi hija Luz de las Nieves, quien está gravemente afectada física y moralmente por las torturas y vejaciones salvajes a que fue sometida antes de que la mandaran a Tejas Verdes. Fue violada ferozmente por tres o cuatro sujetos (ella estaba maniatada y con los ojos vendados), además le introducían en la vagina palos, la amarraban y le separaban las piernas haciéndole andar ratas, las que se las hacían entrar a la vagina y de igual manera lo hacían con arañas.

"Le aplicaron corriente en la lengua, oídos y vagina, le golpeaban la cabeza, especialmente detrás de las orejas; le pegaban en el estómago, la colgaron unas veces de las piernas, otras de los brazos. Por efecto de las torturas se desmayaba, mientras tanto decían ellos comentando, el que parecía jefe y era un tal comandante Esteban: 'Esta... está preparada para recibir corriente', y otro que daba la impresión también era extranjero le decía: 'No le hagamos más nada porque esta... se puede morir'. La dejaban un tiempo, ella no sabe cuánto porque perdió la noción del tiempo por el hecho de tener siempre los ojos vendados. La aterrorizaban porque ella había viajado becada a estudiar cine a Cuba el año 1971.

"Reconoció que uno de los sujetos que la violó y torturó fue el mismo que se llevó de la casa a mi esposo e hijos, el mencionado comandante Esteban, a quien siempre reconoció por el timbre de voz inconfundible. En la edición del jueves 7 de marzo de 1974 del diario *La Tercera* de *La Hora*, en la página 27 (cuyo recorte acompaño) aparece la fotografía de un individuo que mis hijos reconocieron ser el mismo que dirigió el saqueo y destrucción en mi casa y fue cuando hizo el allanamiento en la mañana del miércoles 30 de enero en la fábrica ubicada en Carlos Valdovinos número 1403, y que según fueron los vecinos a la prefectura que queda en Magdalena Vicuin con Ricardo Morales, a realizar la denuncia, creyendo que se trataba de un asalto, se hizo con conocimiento de Carabineros que se hicieron presentes en esa oportunidad; la misma situación que se presentó en el allanamiento efectuado en mi hogar, dirigido por el mismo individuo alrededor de las ocho y nueve de la noche de la misma fecha, oportunidad en que se hicieron presentes radiopatrullas y efectivos de Investigaciones alertados por denuncias de los vecinos.

Firma: Virginia M. de Ayress".

ÍNDICE

ALLENDE
EN LLAMAS

de Julio Scherer García
se terminó de
imprimir
y encuadernar
en agosto de 2008,
en los talleres
de Litográfica Ingramex,
Centeno 162,
Colonia Granjas Esmeralda,
Delegación Iztapalapa,
México, DF.

Para su composición tipográfica se emplearon las familias Bell Centennial y
Steelfish de 12:15, 37:37 y 30:30. El diseño es de Alejandro Magallanes. La
impresión de los interiores se realizó sobre papel Snow Cream de 60 gramos.

Este libro pertenece a la colección *Los gavieros*,
donde los grandes observadores de la realidad contemporánea
ofrecen un testimonio de su compromiso con la escritura y con la verdad.